CONCEITOS BÍBLICOS

Comentário Bíblico

CONCEITOS BÍBLICOS

Abdenal Carvalho

Copyright 2019 Abdenal Carvalho

Título: Conceitos Bíblicos – Volume I

Revisão do autor

Capa do autor /281 Páginas

Esta obra segue as regras da Nova Ortografia da Língua Portuguesa. Todos os direitos reservados.

São proibidos o armazenamento e/ou a reprodução de qualquer parte dessa obra, através de quaisquer meios — tangível ou intangível — sem consentimento escrito pelo autor. A violação dos direitos autorais é crime estabelecido na lei n° 9.610/98 e punido pelo artigo 184 do código penal brasileiro

Dedicatória

Desejo homenagear com o primeiro volume desta série aos verdadeiros autores desta obra: Deus Pai, Deus Filho e o Deus Espírito Santo, que por sua incomparável misericórdia escolheram me inspirar para criar, escrever e publicar esta importantíssima obra que com toda certeza enriquecerá bastante o conhecimento de cada leitor e o levará a conhecer mais do infinito amor que o Senhor tem por cada um de seus escolhidos.

PREFÁCIO

Esta obra reflete a situação caótica do cristianismo moderno, cujas bases já não são mais fundamentadas nas doutrinas bíblicas e sim em conceitos criados pelo homem, de acordo com suas ambições materialistas de consumo. O evangelho deste século está completamente adulterado, pronto para satisfazer os anseios de salvação de uma geração perversa e imoral.

Que deseja habitar nas mansões celestiais, com Cristo, mas sem qualquer compromisso com a sua Palavra, tampouco ser obrigados a abandonar seus antigos atos de luxúrias e pecados. Também nos lembra o verdadeiro amor de Deus para com sua igreja, a diferença entre seu povo e os filhos do pecado. Tem por objetivo chamar a atenção do leitor a existência e grande importância do Criador.

SUMÁRIO

PREFÁCIO 7
Introdução 11
Parte 1 - A Origem do Dízimo 17
   1.1 A Oferta De Abraão 17
Capítulo 2 25
A Doutrina Da Prosperidade 25
Capítulo 3 31
A Infidelidade De Israel 31
Capítulo 4 39
Mercadores Do Evangelho 39
Parte 2 47
Os Discípulos De Balaão 47
Capítulo 2 53
Mercadores de Profecias 53
Capítulo 3 59
Mercadores De Milágres 59
Capítulo 4 63
Mercadores De Bênçãos 63
Capítulo 5 65
Modernismo Religioso 65
Parte 3 71
Mercadores De Ilusões 71
Capítulo 2 77
Evangelho Modernista 77
Parte 4 – Os Filhos Do Mal 85
1.2 Idolatria 91
1.4 Avareza 129
1.5 Impurezas 131
1.6 Homossexualismo 132
1.7 Sexo Livre 139
1.8 Adultério 144
1.9 Fornicação 147
Parte 5 – O Caráter 151
2 - Perversidade 154
3 - Inveja 157
4 - Materialismo 160
Conclusão 271
Biografia 273
Bibliografia 275

Introdução

Pelo fato de ter Deus, por intermédio de Malaquias, ter prometido a nação israelita de que lhes abriria as janelas do céu e derramaria bênçãos sem medida sobre eles, se atendessem suas ordenanças em entregar no templo dez por cento da colheita de suas plantações, para o sustento de seus sacerdotes, as religiões modernas garantem a seus adeptos que a entrega dos dízimos resulta em grandes bênçãos sobre suas vidas.

Porém, o que se tem visto nas igrejas são pessoas doando tudo o que lhes resta do trabalho cansativo no dia a dia para contribuir com a "Obra" e permanecerem debaixo de uma grande penúria. Na verdade, os únicos que se beneficiam com o recebimento de dízimos e ofertas são os pastores, que enriquecem às custas da ingenuidade de seus discípulos.

Jesus disse para a multidão que o seguia que eles erravam por não conhecer as Escrituras (Mateus 22:29) isto é válido até hoje. A maioria das religiões da atualidade sequer fazem uso da Bíblia durante seus cultos, principalmente as Neopentecostais, que substituíram a ministração das Escrituras Sagradas pelas liturgias do bate palmas e do louvor. Num culto onde as Sagradas Escrituras são relegadas a segundo plano o Espírito Santo fica amordaçado no púlpito sem ter como se comunicar com a igreja. Tornando-se um mero expectador daquilo que os homens, na sua ambição, decidem ensinar a seus ouvintes.

Os cristãos que ainda buscam a Deus neste século são mal alimentados espiritualmente, estão enfraquecidos na fé. E, tornando-se presas fáceis para os "predadores" do evangelho. Que exploram a boa vontade daqueles que, por fazerem descaso em buscar o verdadeiro conhecimento de Deus. Conformam-se em viver segundo os conselhos e orientações destes falsos profetas, que trocam as verdades de Cristo em mentiras.

Se alguém, que após convertido não procurou conhecer a vontade de Deus para uma nova vida como cristão. Permanece como um incauto na fé, vem estas raposas disfarçadas de pastores. E arrancam-lhe a semente da verdade do coração, implantando falsos conceitos de santidade e salvação, de acordo com seus preceitos gananciosos.

Desta forma, ensinam aos menos informados que basta somente ofertar no templo para cumprir-se a promessa de bênçãos sem medida feita pelo Senhor pela boca do profeta, sem antes explicar que o dízimo desacompanhado de amor. E misericórdia para com o semelhante não surtirá qualquer efeito benéfico para quem o pratica na vida cristã, mesmo que com a maior das devoções.

Quando Jesus observava a atitude hipócrita dos fariseus ao entregar seus dízimos no templo, ignorando a necessidade de muitas pessoas carentes que imploravam por um pouco de alimento e eles lhes desprezavam, irritou-se e condenou suas atitudes egoístas. Que visavam apenas cumprir as exigências da Lei em dar o sustento dos sacerdotes (Juízes 17:10; Provérbios 27:27) Eles agiam corretamente. Obedecendo a Lei entregando a décima parte das colheitas para o templo, como determinou Deus que se fizesse. Mas deveriam levar uma determinada porção reservada para distribuir aos pobres, como foi ordenado que fizessem.

Naquela ocasião o Senhor admoestou Moisés para que dissesse ao povo para nunca desprezar o pobre que habitasse em seu meio, visto que ele sempre existiria na terra (Deuteronômio 15:11) Desprezar o necessitado é uma prova extrema da falta de amor, e Jesus cobrou duramente dos saduceus. E fariseus pela atitude insensível que demonstravam com aqueles que cercavam o templo implorando um pouco da farinha de trigo e demais cereais que davam aos sacerdotes. Eles eram os religiosos da época e alegavam ser os representantes de Jeová ali.

Sendo assim deveriam dar exemplo de misericórdia para com os menos favorecidos. Como os líderes religiosos de nossos dias. As duas religiões existentes nos tempos de Jesus eram constituídas por homens ambiciosos e cheios de hipocrisia, fingindo ter santidade, enquanto por trás de suas máscaras ocultavam seus verdadeiros atos pecaminosos.

E, no templo, os sacerdotes também se passavam por "representantes direto de Deus", quando seus reais intentos eram poder levar uma vida de regalia ás custas da fé dos fiéis. Extremo cumpridores da Lei de Moisés, os Fariseus não falhavam na entrega de seus dízimos, porém eram insensíveis quanto a pobreza dos demais judeus em redor.

Consideravam-se justos e perfeitamente santos ao ponto de não manter qualquer tipo de contato com os que não professassem a mesma religião. Eram bem parecidos com muitos em nossas igrejas cujas atitudes são idênticas. Jesus, como um profundo conhecedor da natureza humana e sabedor da malícia pecaminosa guardada no íntimo daqueles homens. Costumava desmascará-los publicamente. E naquele dia repreendeu aquela atitude abominável de descaso para com uma multidão de desvalidos que clamavam por piedade, lhes pedindo alimentos e por eles ignorados.

"Hipócritas! "Foram suas primeiras palavras contra os falsos religiosos que, se dizendo mensageiros de Deus o afrontavam cometendo atos que ele abominava. O amor ao próximo é, na observância divina, o segundo grande mandamento com promessa (Mateus 22:39) e ele nos deu o exemplo para que o sigamos. A manifestação do amor de Deus pela humanidade é tão grande que João tenta descrevê-lo. Não há palavras que possam expressar tamanha misericórdia, quando disse:"

E Deus amou o mundo de tal maneira que deu seu Filho Unigênito, para que todo aqueles que nele crer não pereça, mas tenha a vida eterna " (Jo 3:16)Diante desta realidade, fica claro que cumprir as liturgias cerimoniais de nossas religiões é um dever que devemos cumprir como religiosos que venhamos a ser, mas, como disse Jesus aos fariseus de seu tempo:

"É correto que façam estas coisas, porém não esqueçam das outras"(Mateus 23:23) Suas palavras diziam que o erro daqueles homens não era o de estar entregando seus dízimos no templo. Mas o fato de fazerem isto apenas para obedecer aos requisitos impostos pela Lei ou pela tradição judaica tinha em sustentar os sacerdotes levíticos desde que Arão e seus filhos o assumiram no Tabernáculo, quando ainda peregrinavam pelo deserto.

O que Deus espera de seus filhos é que obedeçam suas ordenanças por amor ao seu santo nome. Por considerá-lo um Ser digno de toda honra e louvor e não através de uma obediência cega e vazia, sem qualquer forma de temor e gratidão por tudo o que nos tem feito. Entregar a décima parte do que possuir ao templo era um sacrifício pacífico feito pelos israelitas em obediência aos estatutos da Lei. O dizimo serviria para o sustento dos sacerdotes e naquela ocasião era o dia da entrega destes mantimentos.

Não havia nada de anormal no que os judeus estavam fazendo, a não ser o fato de que eles pareciam dá pouca importância aquela miséria em redor. Cada um deve fazer do que é seu o que achar melhor. Jesus não ordenou que a sua igreja seguisse a tradição judaica do dízimo, mas quem quiser fazer isso que faça, mas ele deseja que façamos tudo acompanhado de amor ao próximo;

Com nossos corações agradecidos e completamente reverentes a sua santidade. De outra maneira somente estaremos apenas fazendo sacrifícios em vão, meros praticantes de uma crença qualquer. Há uma grande quantidade de líderes religiosos que ameaçam seus fiéis com a ideia absurda de que serão amaldiçoados por Deus caso deixem de entregar seus dízimos mensalmente.

Quando na verdade muitos são os que, mesmo se mantendo rotineiros nesta pratica vivem debaixo de enorme miséria e acometidos das mais variadas doenças, desemprego, infelicidade conjugal. E todo tipo de dores que deveriam pertencer apenas aos infiéis. Salomão, o homem mais sábio da terra, disse: "Tudo sucede igualmente a todos: O mesmo sucede ao justo e ao perverso, ao bom e ao mau, ao puro e ao impuro, tanto ao que sacrifica como para aquele que não sacrifica o salvo e ao pecador.

Ao que jura e para quem teme o juramento" (Eclesiastes 9:2) Na verdade, os efeitos positivos ou negativos da vida cristã não se baseiam, pelo menos nos nossos dias, em ser ou não um dizimista na igreja onde o cristão se congrega, mas se a vida do cristão como um todo está rigorosamente de acordo com o que dele exige o evangelho.

De nada adiantará ser cumpridor das liturgias religiosas se, longe do círculo cristão ao qual pertence. Viver na prática de atos vergonhosos e opostos ao que lhe ordena as Santas Escrituras.

Os fariseus eram estes tipos de pessoas, fingidos e cheios de malícias, enganando os incautos com uma falsa aparência de santidade, quando interiormente eram semelhantes a "túmulos caiados".

Limpos por fora e imundos por dentro (Mateus 23:27) As bênçãos para o cristão serão sempre o resultado da comunhão diária. E da maneira como cremos e obedecemos a Deus (Mateus 21:22) Pela intensidade da nossa sinceridade ao dar-lhe a devida adoração, a santidade de coração, a pureza das mãos, a santidade da alma e a humilhação do espírito.

Entregar seus dízimos objetivando apenas ser abençoado é ter a pretensão de comprar as benções divinas, e elas não estão à venda (Atos 8:20) pois são recompensas para os que amam ao Senhor e sem qualquer ambição buscam agradá-lo, fazendo o que lhe apraz, vivendo de acordo com seu querer. Rejeitando o pecado e abstendo-se da maldade típica deste mundo corrupto e dominado pelas trevas.

No transcorrer de muitos séculos após a saída do Cativeiro, no Egito, os israelitas afrontavam a Deus com suas incontinências, desrespeitando o concerto que haviam feito com ele durante a peregrinação no deserto, entre tantas outras coisas descumpridas estava o temor ao seu santo nome. Igual aos cristãos de agora, eles zombavam do Senhor com suas irreverências. O dever de entregar seus dízimos na "Casa do Tesouro" havia se tornado uma prática interesseira e sem nenhum traço de temor ao Santo de Israel.

Parte 1 - A Origem do Dízimo

1.1 A Oferta De Abraão

Abraão foi o precursor do dízimo ao dar a Melquisedeque, rei de Salém, a décima parte de tudo o que possuía. A revelação do Senhor sobre o princípio de todas as coisas, dada a seu servo para que fosse escrita e a nós revelada nestes últimos dias, mostra a origem da terra, dos céus e de todo o universo, assim como da instituição do dízimo. Melquisedeque.

Foi um rei e sacerdote do Deus Altíssimo e perfeito em seus caminhos, na prática da justiça e em seus julgamentos, segundo o escritor do Gênesis não se sabia nada sobre a sua origem e nem seu fim, pois desapareceu tão misteriosamente como surgiu na terra. Sobre ele, assim nos diz o texto bíblico revelado ao autor do Gênesis:

"Melquisedeque, rei de Salém, trouxe pão e vinho; era sacerdote do Deus Altíssimo, abençoou ele a Abraão, e disse: Bendito seja Abraão pelo Deus Altíssimo, que possui os céus e a terra; e Bendito seja o Senhor que entregou teus adversários nas tuas mãos. E de tudo lhe deu Abraão o dízimo" (Gênesis 14:18-20) Devido a forte comunhão com Deus e por ser um sacerdote cujo início e fim era um mistério, Abraão decidiu ofertar o primeiro dizimo, em forma de adoração, reconhecendo-o como uma das primeiras aparições de Deus na forma humana entre os homens.

A partir deste ponto, entendemos que a entrega do dizimo se originou em Abraão e depois foi repassada a seus descendentes como uma tradição, desde Isaque, Jacó, até o surgimento da nação israelita. Porém, durante os quatrocentos anos de cativeiro no Egito o povo parou com este costume, visto que ali não haviam templos para adoração ao Senhor nem sacerdotes.

Depois que foram libertos e conduzidos ao deserto, além do mar vermelho, ali foi dado ao povo, por intermédio de Moisés, a Lei de Deus e seus estatutos para que fossem rigorosamente observados por todos os judeus ali presentes, assim como por todas as gerações futuras dos filhos de Israel. Dentro das observâncias feitas na Lei dada por Deus ao líder Moisés.

Foi especificado que todo o povo voltasse a entregar ao sacerdote Arão os seus dízimos, que serviriam como sustento para ele e a sua família. A tribo de Levi foi escolhida e separada para os serviços no Tabernáculo, que era um tipo de templo criado para adoração no deserto (Números 1:51) ali, os levitas atuavam como cantores e no sacerdócio.

A eles não era permitido acumular bens materiais ou enriquecer. A herança deles era o Senhor. (Deuteronômio 18:1) ou seja, Deus sabia que o dinheiro, o ouro e a prata corrompem o homem e o afasta dele. Assim, decidiu mantê-los longe das riquezas materiais para evitar que o deixassem. A tribo dos Levitas, da qual pertencia Arão, o sacerdote, e todos os seus familiares.

Viviam em função de adorar ao Senhor e ministrar o ensino da Lei ao restante do povo, dessa forma, não poderiam trabalhar em outro ofício. Por esta razão deveriam ser sustentados pelos demais israelitas, através da entrega voluntária do dizimo. No entanto, com o passar do tempo as novas gerações foram esquecendo a bondade de Deus em livrar seu país da escravidão de Faraó.

E passaram a não contribuir no templo com frequência como no princípio e, quando assim faziam era de má fé, ofertando o pior de seus rebanhos. O que levou o Senhor enviar o profeta com uma mensagem, onde propunha aos filhos de Israel que se voltassem a dar alegremente seus dízimos aos sacerdotes.

Para que estes pudessem ter seu sustento diário garantido, então ele abriria as janelas dos céus e derramaria sobre eles bênçãos sem medida. Esta mensagem de Deus dada a Israel tornou-se o texto áureo da doutrina dizimista em todo o mundo, no decorrer dos séculos da existência do cristianismo.

Apesar de Jesus nunca ter ordenado ou ensinado nada sobre tal assunto, durante seu ministério terreno. Nas suas palestras públicas e nas conversas que teve com seus adversários, os religiosos de sua época. Somente tocou no assunto uma única vez e não teve a intenção de difundir meio a seus seguidores a ideia de que deveriam se assemelhar aos judeus. Nem que ainda viviam debaixo do poder da Lei

Pois este estatuto foi dado aos israelitas e não à sua igreja que surgiria depois da sua volta aos céus. Na ocasião em que condenou os Fariseus de agirem insensivelmente para com seus semelhantes. No momento em que entregavam a décima parte de tudo que haviam colhido aos sacerdotes. O Mestre foi incisivo ao dizer que Deus estava mais interessado em vê-los praticando a misericórdia aos que viviam às margens da sociedade.

Do que simplesmente manter uma tradição sem demonstrar compaixão aos mais pobres. "Misericórdia eu quero e não sacrifícios" disse o Senhor pela boca do profeta. Séculos antes dele estar ali, ocupando a forma humana como o Salvador da humanidade. E suas palavras ainda ecoavam ao ponto de fazê-lo repreender asperamente os religiosos hipócritas de seu tempo.

Que se mostravam fiéis em cumprir a tradição deixada por Abraão de forma vazia, sem qualquer manifestação de reverência ou adoração. O dízimo que abençoa não é a quantia mais alta, como alguns pensam, mas àquele ofertado com maior gratidão e acompanhado de verdadeira humilhação. O maior exemplo de como se deve ofertar parte de seus bens a Deus encontra-se no episódio da viúva pobre, que ficou registada nos evangelhos para que todas as gerações futuras pudessem conhecê-la.

Onde, neste relato, ao doar no templo suas últimas economias teve esta atitude elogiada por Jesus, pelo fato de estar doando para o Reino tudo aquilo que tinha, sem murmurações ou tristeza. Mas satisfeita por poder contribuir, mesmo com uma quantia tão pequena (Marcos 12:43) Pesquisando profundamente o Novo Testamento podemos observar que nem Cristo ou os apóstolos incentivaram os a doutrina do dízimo.

Os líderes religiosos da atualidade usam como pretexto para afirmar que a ordenança divina para a entrega do dízimo no templo foi além das gerações israelitas e chegou até nós. Os cristãos da Nova Aliança em Cristo, o fato de que ele, Jesus, pagou impostos. Mas àquele ocorrido ficou registado nas páginas sagradas da Bíblia para deixar claro que a igreja, como uma instituição, deve cumprir seus deveres.

Principalmente para com as leis tributárias de seu país. Portanto, essa doutrina é errônea. Ao invés de atribuir tal fato a errônea ideia de que isto implica em que os cristãos devam entregar seus dízimos em suas igrejas, os pastores deveriam compreender que tal comportamento do Senhor era para incentivá-los, no futuro; a pagar corretamente seus impostos. Concernentes aos templos que cada religião possui, coisa que não fazem.

O dízimo servia para o sustento dos sacerdotes levíticos em Israel e até hoje os judeus ortodoxos mantém esta tradição em obediência perpétua da Lei mosaica. Porém, nós, os cristãos do Novo Concerto em Cristo, não somos por ele obrigado a tal prática em nossos dias. Infelizmente, as doutrinas modernistas continuam confundindo as pessoas pouco informadas quanto ao que realmente dizem as Escrituras sobre o dízimo.

Incentivando-as para contribuírem indefinidamente com de seus ganhos, apesar de não existir nos evangelhos nem nas cartas e Epístolas deixadas pelos pais da igreja primitiva qualquer tipo de referência feita sobre este assunto. Afinal, eles seguiam fielmente os ensinos de seu Mestre, e ele nada declarou a respeito de ser um dever de sua "Noiva" dar continuidade aos costumes judaicos.

Principalmente quanto ao sustento dos sacerdotes. Talvez o propósito do Senhor em não ordenar a seus apóstolos para que dessem continuidade a esta prática tenha sido por saber que, no futuro, isto iria corromper os guias espirituais da sua igreja. Que. De forma ambiciosa, iriam transformá-la num negócio milionário (2 Pedro 2:3) Sabemos como as religiões modernizaram seus conceitos sobre a salvação, dando mais importância ao dinheiro e as riquezas do que o zelo pela alma humana.

Os pastores já não se importam com o estado espiritual de seus rebanhos. Desde que todos os meses haja bastante "leite" para manter seus sustentos, cheios de extremas regalias e luxúrias. Por causa da facilidade com que é possível fundar novas denominações neste país, podemos ver surgindo um números cada vez maiores de igrejas em cada esquina de nossas ruas, onde lobos disfarçados de pastores Enganam os incautos.

Convencem os poucos familiarizados com as verdades bíblicas a lhes dar dez por cento de suas posses, conseguidas com tanto sacrifício. Alegando ser uma determinação de Deus para os cristãos desta geração, quando sabemos que Jesus Cristo, o fundador da igreja cristã, jamais fez qualquer menção a este respeito. Suas únicas ordenanças impostas para que seus discípulos cumprissem como mandamentos, foram que "amassem a Deus acima de todas as coisas e ao próximo como a si mesmos", deixando claro que a base do evangelho se encontra no amor, não no materialismo.

A verdadeira intenção do Senhor ao instituir o dizimo como um dos estatutos da Lei dada a Moisés, para que se cumprissem por todas as gerações dos israelitas, não era levar os sacerdotes a acumular bens, tornando-os com isso ambiciosos e corruptos, mas apenas para tivessem garantido o sustento de suas famílias enquanto se dedicassem exclusivamente ao ofício para o qual foram separados.

No entanto, o que podemos ver em nossos dias são líderes espirituais dominados pela descontrolada busca pela riqueza, usando até mesmo de meios ilegais para alcançar seus objetivos, como associando-se a cargos políticos, de onde saem as mais terríveis evidências de corrupção, causando escândalos ao nome do Deus professam servir.

A Lei dizia que não era permitido a um rei ou sacerdote acumular riquezas. Para que estes não viessem a se corromper e esquecer do Senhor. Mas, com o surgimento das modernas religiões e a doutrina da prosperidade, que ensina ser a vida próspera um sinal de permanente comunhão com Deus. E, ainda, de se estar diariamente debaixo de suas bênçãos, passou a ocorrer uma verdadeira "corrida atrás do ouro e da prata".

Tanto pelas "ovelhas" como por seus "pastores", que se corromperam em todos os seus caminhos. Podemos, então, concluir que esta é a maior de todas as maldições adquirida pela igreja deste século, através da doutrina dizimista. A constante relação entre os cristãos,

Que foram incentivados a amar o dinheiro acima de todas as coisas, e as riquezas deste mundo materialista, fez com que seus corações se tornassem soberbos ao ponto de acreditar a loucura de que Deus não lhes faz falta ou que seus impérios os tornam tão poderosos que ele não pode lhes punir, devido suas constantes apostasias.

Capítulo 2
A Doutrina Da Prosperidade

A busca constante pela prosperidade financeira é uma característica presente em todas as classes sociais, independentemente da etnia ou credo religioso, desde os tempos remotos das civilizações. Todos nós temos a necessidade de uma vida estabilizada economicamente, dar a nossas famílias o melhor conforto possível e vivermos de maneira a não dependermos do sustento alheio.

E isto tem levado o homem moderno a uma procura descontrolada por meios que o enriqueçam, mesmo que para isso tenha que usar de meios ilícitos, até mesmo vender o evangelho de Cristo e, pretensiosamente, negociar as bênçoes de Deus. Multidões lotam os templos em busca de bênçãos supostamente garantidas por estes "mercadores do evangelho".

Dos quais advertiu Jesus aos discípulos, quando lhes falava à respeito do final dos tempos e do surgimento destes falsos profeta, que enganaria a muitos, até mesmo os que já tinham garantido a salvação (Mateus 24:24) A princípio esta doutrina materialista das religiões neopentecostais era bastante rejeitada pelos cristãos mais conservadores, porém, com o passar dos tempos e após perceberem que de alguma forma seus adeptos de fato prosperaram.

Aqueles que a rejeitavam passaram a aceitá-la como regra de fé. Permitindo a expansão e aceitação nas diversas camadas da sociedade brasileira e mundial sedentas por dinheiro e poder. O grande contraste, no entanto, é que a doutrina dizimista difundida em toda e qualquer denominação cristã de nossos dias, beneficia apenas os guias espirituais, bispos e pastores.

Que incentivam os contribuintes a doar até suas últimas economias, ficando com isto cada vez mais pobres e endividados, enquanto eles ficam milionários as custas da ignorância de uma geração sem o menor conhecimento de Deus. As religiões neopentecostais assim se denominam por sua oposição aos princípios bíblicos encontrados no Novo Testamento.

Que nos foram deixados por Jesus Cristo e pelos apóstolos, praticados como única doutrina de fé pela igreja primitiva e os verdadeiros pentecostais que ainda permanecem fiéis aos ensinos do puro cristianismo iniciado no primeiro século da Era Cristã. Entre tantas outras, destaca-se a descrença na promessa do batismo no Espírito Santo.

Que dá ao crente batizado os dons espirituais da profecia, línguas estranhas, visões e revelações, como cumprimento da profecia predito pelo profeta Joel a muitos séculos atrás (Joel 2:28) Assim como a presença do Espírito Santo na vida do cristão e a sua permanência neste mundo com a missão de proteger a igreja contra os ataques de Satanás e prepará-la para o arrebatamento antes da grande tribulação.

O termo "neo" usado por estas religiões serve para identificá-las como contrárias a esta afirmação das Escrituras, de que somos de fato templos do Espírito de Deus, usados para a sua obra de evangelização neste mundo (1 Coríntios 3:16)

Estas denominações denominam-se cristãs, porém, não passam de opositores da cruz de Cristo e blasfemadores do Espírito Santo, condição esta que, segundo Jesus, os torna dignos da condenação eternam. Entre as de maior aceitação popular podemos destacar a Igreja Universal do Reino de Deus, fundada em 9 de julho de 1977, pelo bispo Edir Macedo e seu cunhado Romildo Ribeiro Soares (R. R. Soares) hoje presidente fundador da Igreja "O Poder da Fé", que devido algumas divergências decidiu fundar seu próprio ministério.

O que a torna uma igreja de maior aceitação global é a sua doutrina do enriquecimento, totalmente contrária ao que Cristo nos ensina a este respeito, quando disse: "Ninguém pode servir a dois senhores, porque ou há de aborrecer-se de um e amar o outro, ou se devotará a um e desprezará ao outro. Não podeis servir a Deus e às riquezas" (Mateus 6:24)

Os bispos desta denominação desprezam os ensinamentos a respeito da importância em não amar o dinheiro, por ser esse a raiz de todo o mal, que devemos guardar nossas riquezas nos céus, praticando o amor, a justiça e misericórdia aos nossos semelhantes (1 Timóteo 6:10) inescrupulosamente ensinam seus seguidores que os "filhos de Deus" nasceram para serem ricos e prósperos neste mundo.

Esta doutrina busca fundamentos no Antigo Testamento, na Lei de Moisés que dá a ideia de que o Senhor enriqueceu muitos de seus servos, como Abraão, Jacó e Salomão, tornando-os homens de grande prosperidade. Contudo, o que eles deixam de explicar aos seguidores desta ideologia pagã, é que as riquezas corromperam Salomão, transformando-o em inimigo de Deus. E com isso o Senhor mudou seu conceito quanto a enriquecer seus servos e dali em diante nunca mais sua tamanha prosperidade a outro de seus filhos.

A fim de não vê-los corrompidos. Talvez alguém queira alegar que Salomão foi um caso à parte e que a sua queda se deu pela paixão que tinha por suas diversas mulheres, que convencerem-no a adorar falsos deuses. Mas se não fosse ele o homem mais rico da terra teria tantas mulheres aos seus pés? E o que dizer da atual situação dos pastores das diversas religiões que surgiram no mundo nestes últimos tempos, completamente corrompidos pelo amor às riquezas que adquiriram através do dízimo e das ofertas doadas em seus templos por uma multidão de leigos.

Que pensam poder comprar as benções divinas. Tivesse Cristo ordenado que os discípulos levassem o dizimo para o sustento dos sacerdotes no templo. Em Jerusalém, como faziam os demais judeus, e hoje seria acusado der contribuído com esta vasta corrupção que se espalhou como lama sobre os ministérios das igrejas que professam seu nome e se dizem seus únicos representantes na terra.

A infinita sabedoria do Senhor evitou tamanha mancha ao seu santo nome e ao evangelho que ele nos deixou. Se mesmo não tendo determinado tal obrigação aos cristãos eles acabam por serem levados a crer, por seus pastores, que este dever lhes é imputado como mandamento divino, imagine o leitor como seria se tudo isso fosse como dizem. Compraríamos salvação?

A verdade é que esta doutrina maldita, criada a partir da ambição desregrada de homens contrários aos ensinamentos de Cristo, sobre a necessidade de evitarmos ao máximo a paixão pelas riquezas terrenas, desviam no mundo inteiro milhares de pessoas do reto caminho da justiça, tornando-as cada vez mais dignas da perdição. Nenhuma prosperidade há para quem se desfaz de seus bens. Muitas vezes conquistados a duras penas, para sustentar a vida ambiciosa destes pastores da iniquidade.

Dos quais nos alertou Jesus e deles profetizaram os pais da igreja, no princípio da fé cristã, usados pelo poder revelador do Espírito Santo, que pretendia nos alertar sobre esta apostasia. Mas este é mais um teste pelo qual passam aqueles que professam fidelidade ao evangelho.

Neste final da existência da humanidade na terra, Deus deseja escolher o seu povo que se encontra misturado a tanto joio, plantado por Satanás com a intenção de contaminar a boa semente. Cristo alertou seus ouvintes que no final dos tempos os escolhidos passariam por grande provação, com a finalidade de confirmar a fé que um dia abraçaram.

Mediante a confissão que fizeram. Não é fácil permanecermos firmes na doutrina que um dia aprendemos com nossos educadores cristãos, que eram persistentes em nos mostrar as verdades de Deus. Quando olhamos à nossa volta e o que ainda se pode ver é um mundo corrompido peça reversão moral, religiões que pregam uma doutrina pautada na ambição de seus dirigentes.

Uma igreja vivendo de fingimento, tentando ocultar suas abominações do profundo olhar do Altíssimo. A modernidade da qual se referem nada mais é do que a mais completa rebelião contra tudo o que lhes foi ensinado, relativo a como viver de forma agradável ao Deus do universo. Felizes serão sempre aqueles que optarem em se manter incontaminados com as iguarias desta Babilônia onde nos encontramos (Daniel 1:8).

Cujos costumes são semelhantes aos do Egito e imitá-lo atrairá as mesmas pragas lançadas sobre Faraó. A prosperidade que os verdadeiros cristãos buscam é aquela que os aproxima cada dia mais do Senhor e nos faz submissos à sua vontade, cumpridores de seus mandamentos e temerosos de suas repreensões.

Capítulo 3
A Infidelidade De Israel

A prática de entrega do dízimo ao Senhor, ou aos sacerdotes no templo, trazia bênçãos sobre os dizimistas. Esta foi a promessa feita por Deus a seu povo desde o princípio, que se eles demonstrassem boa vontade em sustentar seus levitas para que estes pudessem exercer seus variados ministérios no templo, ele multiplicaria seus bens, afim que lhes fossem possível doar cada vez mais.

E estas bênçãos eram reais, o povo contribuía segundo tudo o que produziam em suas lavouras e não lhes faltavam as chuvas para regar suas plantações, colhendo bons frutos e um trigo de qualidade, nenhum prejuízo tinham aqueles que obedeciam com fidelidade aquela ordenança. Porém, com o passar dos séculos e com a chegada das novas gerações, este compromisso do povo em sustentar os levitas e sacerdotes para se dedicassem em tempo integral aos trabalhos no templo foi sendo relegado a segundo plano.

E com isso vieram sobre eles inúmeras pragas e os alcançaram(Neemias 13:10-13)O descaso daquela nova geração de israelitas em relação ao cumprimento dos deveres que Deus havia repassado a seus antepassados por intermédio de Moisés era tão grande que, mesmo quando decidiam levar a décima parte de seus rebanhos e colheitas para templo, faziam tudo com enorme relaxamento.

Os animais eram cheios de defeitos, cegos, aleijados, magros, da pior espécie. E isto despertava a ira do Senhor que repreendia com maldições aos que desrespeitavam o concerto que seus antigos pais cumpriram fielmente durante quarenta anos que permaneceram no deserto e nos primórdios de suas habitações na terra prometida.

Por intermédio do profeta Malaquias o Senhor repreendeu asperamente os judeus pela forma absurda como tratavam esta ordenança, haja vista ser ele um Deus Poderoso, a quem deviam temer e respeitar. As palavras de repreensão do Senhor para Israel foram duras, pela boca de Malaquias, e demonstraram a sua indignação contra seus abusos e a maneira relaxada como o obedeciam:

"Mas desde o Nascente do sol até o poente será grande entre as nações o meu nome, e em todo o lugar se oferecerá incenso e uma oblação pura, porque meu nome será grande entre as nações, diz o Senhor. Mas vós o profanais...Pois maldito seja o enganador que, tendo animal perfeito no seu rebanho promete e oferece ao Senhor coisa com defeitos.

Porque eu sou grande Rei, diz o Senhor dos exércitos, meu nome será tremendo entre as nações"(Malaquias 1:11,12a,14) Por diversas vezes o Senhor foi obrigado a punir a rebelião de Israel com diferentes castigos, que foram da pertinência nos seus rebanhos até serias enfermidades que resultava na morte de seus filhos. Mas, apesar disso, permaneceram irredutíveis.

E propensos a prosseguir em seus maus caminhos de teimosias e desobediência. Diferente do que ensinam hoje os mercadores do evangelho, ao consagrar e separar a tribo de Levi para ministrar a Lei e ordenou ao restante do povo para que mantivessem seu sustento com o dízimo. Não fez isso com o intuito dar a ela um status de superioridade acima das demais tribos de Israel.

Mesmo sabendo que foi isto o que de fato aconteceu, mas seu objetivo real era ensinar a seu povo a obediência e o zelo pelas coisas sagradas. Os levitas que louvavam seu nome no templo simbolizavam os anjos celestiais que o louvam nos céus, enquanto os sacerdotes eram uma breve semelhança ao sacerdócio eterno de Cristo que, como um sacerdote eterno, intercederá hoje por sua igreja diante do Pai (Hebreus 6:20)

As religiões ensinam a seus membros que todas as maldições lançadas sobre Israel, devido a insistência em não cumprir corretamente a lei do dízimo, imposta por Deus, irão igualmente alcançá-los, se não forem fiéis no repasse de suas contribuições ao templo. Mas, lembrando-lhes do que disse o Senhor pela boca do profeta:"

Roubará o homem a Deus? Todavia vós me roubais, e dizeis: Em que te roubamos? Nos dízimos e nas ofertas alçadas. Com maldições sóis amaldiçoados, porque roubais a mim, vós toda a nação". (Malaquias 3:8,9) Mas se esta imposição tivesse efeito sobre as igrejas oriundas do cristianismo, Jesus não teria comentado algo a respeito com seus apóstolos?

Com a ameaça de que serão amaldiçoados caso se neguem a dar para seus pastores a décima parte de tudo o que possuem. Os pobres ignorantes se desesperam e enchem os cofres das suas congregações com dízimos e ofertas voluntárias, enriquecendo os mercenários que, na semelhança de lobos devoradores, comem a carne e sugam até a última gota de "leite" das ovelhas do rebanho, pouco importando- Se com o seu bem-estar. A maioria sequer visita as famílias congregadas, passam a maior parte do tempo dentro de gabinetes, preocupados em contabilizar os milhões depositados em suas contas bancárias.

Seus bens, suas riquezas, sem preocupação alguma com as almas que descem ao inferno. O tema predileto de suas pregações durante os cultos é sobre as bênçãos que, segundo eles. Estão guardadas nos céus para quem leva suas contribuições com frequência à "casa do tesouro", citando a conhecida frase do profeta Malaquias aos israelitas:" Trazei todos os dízimos à casa do tesouro, diz o Senhor, e fazei prova de mim, se não abrirei as janelas do céu.

E derramarei sobre vós uma bênção tal, que dela vos advenha maior abastança ". (Malaquias 3:10) Porém, de igual forma o Senhor Jesus não declarou nada a respeito disso com seus discípulos, nem sobre a maldição por não levarem seus dízimos ao templo, tampouco se seriam grandemente abençoados assim fazendo. Na verdade, há um silêncio dele quanto a isso, é como se ele tivesse feito novas todas as coisas (2 Coríntios 5:17)

Inclusive os antigos deveres exigidos segundo a Lei. Jesus mesmo disse que veio cumprir a Lei. E não mudá-la. Então se ele a cumpriu, nenhuma necessidade há de que ainda compramos suas regras. Moisés mesmo declarou que quem quebrasse um só mandamento estaria quebrando a todos. Então, se não nos foi imposto qualquer cobrança de Cristo.

Para que vivêssemos debaixo do julgo da Lei que ele mesmo se dispôs a cumprir. Levando-os a desobedecer a todos os seus estatutos, porque seriamos obrigados ainda a cumprir apenas este? Não somos obrigados a sustentá-los, eles devem trabalhar e buscar nisso seu sustento como todos nós fazemos, Se de fato amam seus ministérios e preocupam-se em resgatar as almas perdidas das trevas. Se sentem mesmo prazer em ensinar o evangelho da salvação para os cativos do pecado e de Satanás.

Então usarão o tempo livre que tiverem, seja o sábado, domingos e feriados, a noite após chegarem do trabalho, para mesmo cansados evangelizar este mundo que jaz na escuridão. Durante meus quinze anos como pastor sempre exerci minha profissão e mantive o sustento de minha família com o suor de meu rosto. Assim tinha tempo para cuidar do rebanho. Olhava em redor e via muitos colegas de ministério vivendo apenas do dizimo que recebiam de suas igrejas, e tinham com isso uma vida financeira bem melhor que a minha.

E alegavam que não podiam trabalhar em outro ofício, pois precisavam se dedicar exclusivamente ao sacerdócio, mas o que faziam era se acomodar em seus luxuosos gabinetes. E nunca tinham tempo para atender o povo e nem visitar as famílias carentes de uma palavra ou até mesmo ajuda financeira. Passavam este dever aos seus subalternos, com a velha desculpado de que eram homens muito ocupados.

Interessante notar era que sempre tinham tempo para dar atenção aqueles cujas contribuições eram pomposas, a estes estavam constantemente disponíveis. Aqui podemos lembrar do que disse o Senhor à respeito dos pastores de Israel nos tempos de Ezequiel: "Ai dos pastores de Israel que apascentam a si mesmos. Não deviam apascentar os pastores suas ovelhas?

Comeis a gordura e vos vestis de lã, degolais o cevado, mas não parentais as ovelhas. A fraca não fortalecestes, a doente não curastes, a que quebrada não ligastes. E a desgarrada não tornastes a trazer, e a perdida não procurastes...Mas dominas sobre elas com rigor e dureza"(Ezequiel 34:2-4) Pela ordem dos livros bíblicos, Malaquias foi o último dos profetas menores. Através do qual Deus se manifestou a Israel para convencê-los a obedecer.

Espontaneamente seus decretos. Depois deste livro profético que faz parte do grupo de "profetas menores" encontramos as páginas em branco que dividem o Antigo e o Novo Testamento, e que representam o período Inter bíblico, cerca de quatro séculos, onde o Senhor ficou em silêncio.

E não se comunicou com seu povo através de profecias nem de visões ou revelações. Israel ficou sem sacerdotes por quatrocentos anos. O mesmo tempo em que permaneceu na escravidão do Egito, distante do Senhor e de sua misericórdia, dominados pelos romanos e por eles subjugados. Este tempo de silêncio simbolizava o fim da Lei de Moisés e seus estatutos, uma nova aliança seria feita entre Deus e os homens.

Ele percebeu que usar profetas para transmitir seus recados e querer forçá-los a obedecer aos seus decretos. À custo de castigos e maldições tinha sido uma forma inútil de conduzi-los no caminho da retidão. Então cumpriu-se a promessa feita através de Ezequiel, ao repreender os pastores corruptos de Israel: "Porque assim diz o Senhor Jeová: Eis que eu mesmo procurarei minhas ovelhas e as buscarei"(Ezequiel 34:11)

O cumprimento desta profecia se deu com o nascimento de Jesus, pois o Ser que habitava dentro do corpo gerado pelo Espírito Santo no ventre de maria era o mesmo Deus que conversou com Abraão, Isaque e Jacó. Que apareceu para Moisés na sarça ardente e o escolheu para livrar Israel do Egito e lançou sete terríveis pragas em Faraó, criou a Lei e deu a seus escolhidos. Foi também quem colocou Josué para liderar os israelitas para entrar na terra prometida, escolheu os juízes que julgavam o povo depois da morte de Josué. Repreendeu a Jó por sua pretensão em ser perfeito em todos os seus caminhos, se tornou amigo de Davi.

Fez se Salomão o homem mais sábio da terra, livrou Daniel da cova dos leões e seus amigos da fornalha ardente...Foi ele que por séculos falou com seu povo, usando a boca dos profetas. O Deus Filho se fez humano e habitou entre os homens, no propósito de cumprir o plano de redenção para toda a humanidade, planejada desde o princípio pelo Deus Pai (2 Timóteo 1.9) que resultava num sacrifício vivo e perfeito que somente ele mesmo seria capaz de fazer. Sua vinda a este mundo prova que nenhum dos esforços feitos anteriormente, inclusive a própria Lei dada a Moisés.

Foram suficientes para resgatar o homem rebelado contra seu Criador desde o Éden, por isso decidiu pagar um alto preço ao doar a sua vida humana numa cruz, para que por este sacrifício pudéssemos nos reaproximarmos dele e voltarmos a ser aceitos novamente como seus filhos, mediante um sincero arrependimento.

Agora, para os que se dispuseram a aceitá-lo como único e suficiente Salvador, todas as coisas se renovaram. A salvação é conquistada mediante uma sincera confissão de nossos pecados e ao sofrermos uma radical transformação em nossa maneira de viver, seguindo seu exemplo enquanto homem, fugindo da aparência do mal.

E, procurando viver em novidade de vida. As nossas benções já não dependem mais de sacrifícios nem da doação de dízimos e ofertas. Mas unicamente de uma fé pura, firme e verdadeira, sem sombras de dúvidas no coração, pois ele mesmo advertiu: "Tudo é possível ao que crer" (Marcos 9:23) A doutrina dizimista que tomou conta das igrejas modernas, somente trouxe para os cristãos imensa desgraça. E para seus pastores a maldição da corrupção. Transformando homens e mulheres antes fiéis a Deus em mercadores do evangelho.

Exploradores da fé alheia, corruptos e dignos da morte eterna. Portanto, compreendemos que por esta razão o Senhor nada declarou a seus discípulos sobre a entrega do dízimo, ele encerrou a Lei e seus estatutos no período de quatro séculos em que permaneceu calado e distante do seu povo e com isso também pôs fim a tradição dizimista, por entender que isto futuramente iria corromper seus sacerdotes (Judas 1:10)

Capitulo 4
Mercadores Do Evangelho

O neopentecostalismo já existia no Brasil bem antes do Pentecostalísmo, que surgiu a partir de dois missionários Batistas, Gunnar Vingren e Daniel Berg, no ano de 1911, em Belém do Pará. Os Batistas, que aqui já se encontravam bem antes dos dois amigos suecos chegarem, ouviram dos sois as novidades dos dons espirituais, mas se mantiveram tradicionais e negam até hoje os dons espirituais.

Doados pelo Espírito Santo aos que creem em Cristo, tais como: Línguas estranhas, profecias, visões e o dom de revelações. Além de negar a presença do Espírito Santo na vida dos convertidos ao evangelho de Cristo. Depois deles, podemos citar outras denominações de igual ou menor conceito nesta linha de ideologia, como os Testemunhas de Jeov..

Adventista do Sétimo Dia, e as mais expressivas: O Poder da Fé, Mundial e a conhecidíssima Universal do Reino de Deus, que está presente, hoje, em mais de cento e oitenta países, não negam a presença do Espírito na terra, mas discordam dos dons dados por ele à igreja.

Dividem-se em dois grupos dse tintos: aqueles que se recusam crer nos dons espirituais da igreja, mas vivem e pregam o evangelho de Cristo. E os que, além de negar explicitamente os dons, ainda rejeitam os ensinamentos de Jesus e de seus apóstolos, prendendo-se aos velhos rudimentos da Lei, de onde tiram conceitos que abalizam a ambiciosa doutrina da prosperidade, largamente ensinada na maioria de seus templos, cuja finalidade é o comércio das bênçãos de Deus.

Cristo mencionou estes mercadores em seus sermões ao advertir a multidão que o seguia à respeito da corrupção do gênero humano, que ocorreria no final dos tempos, com o surgimento dos falsos profetas e suas doutrinas enganosas: "Acautelar-vos, porém, dos falsos profetas que vêm até vós como ovelhas, mas interiormente são lobos devoradores. Por seus frutos os conhecereis.

 Porventura colhem-se uvas de espinheiros ou figos dos abrolhos? Assim, toda árvore boa produz bons frutos e toda árvores má produz maus frutos "(Mateus 7:15-17) " E surgirão muitos falsos profetas que enganarão a muitos"(Mateus 24:11) E alguns dos principais apóstolos também advertiu a igreja primitiva sobre a chegada destes tais, com suas doutrinas enganosas e cheios de ambição:"

E também houve entre o povo falsos profetas, como haverá entre vós falsos doutores, que introduzirão encobertamente heresias de perdição, e negarão o Senhor que os resgatou, trazendo sobre si mesmos repentina perdição. E muitos seguirão suas dissoluções, pelas quais será blasfemado o caminho da verdade. E por avareza farão de vós um negócio com palavras fingidas, sobre os quais já de largo tempo não será tardia a condenação. (2 Pedro 2:1-3) Em nossos dias as religiões cristãs comercializam de alguma forma a Palavra de Deus.

Nenhuma pode ser citada como uma denominação que prega o evangelho sem a finalidade de obter lucros financeiros. Todavia, há aquelas que negociam as Escrituras descaradamente, exigindo de seus fiéis até o valor para cada bênção a ser alcançada. Certa vez presenciei um cidadão que se intitulava bispo de uma renomada religião neste pais no mundo inteiro, deitar-se sobre uma mesa de mármore branca, estrategicamente colocada no púlpito do templo, e ordenar que cada uma daquelas pessoas ali presentes, fizessem fila para tocá-lo.

Garantindo que de seu corpo fluiria poder para realizar todas as suas expectativas de vida. Segundo ele, por ser um representante do Senhor na terra era ungido por ele para realizar todas as coisas, e quem lhe tocasse com fé receberia virtude. Bem, até aqui nada de anormal, afinal, a sombra de Pedro curava os enfermos no período da igreja primitiva (Atos 5: 15)

Mas, o que chamou minha a atenção foi o fato de ele concluir seu discurso, dizendo que todos deveriam levar junto um envelope contendo uma determinada quantia em dinheiro, que iria de cem a mil reais. Então percebi o golpe que o indivíduo estava aplicando nos pobres incautos: Jesus disse que tudo é possível quando se crer (Marcos 9:23) E isto vale para todas as coisas e pessoas.

Se alguém tiver uma fé forte e determinante sempre alcançará seus objetivos, Deus não mente, se ele assim disse desta forma será. Aquele obreiro da iniquidade era conhecedor disso e sabia que, se aquelas pessoas realmente crêssemos no milagre iriam recebê-lo, não porque em seu corpo existisse mesmo qualquer poder ou virtude. Mas, devido a fé aplicada por quem tocou seu corpo confiante de que Deus iria abençoá-lo. Todos que assim fizessem com verdadeira confiança alcançariam seus objetivos (Mateus 21:22)

E ele também, visto que ficaria com seus bolsos cheios de dinheiro. Os milagres de Jesus foram repassados para a igreja na terra (Marcos 16:17) ele mesmo prometeu que ao fazer uso de uma fé viva nele seus discípulos poderiam.

No futuro, realizar maiores feitos do que ele fez. Todavia, a intenção do Mestre em deixar estes dons não era para que usassem deles em favor de si mesmos, adquirindo riquezas. Ao soprar do seu Espírito nos doze (João 20:22), ele ordenou que fizessem uso daquele poder para curar, libertar e soltar os cativos das amarras de Satanás.

Ressuscitar os mortos e mostrar ao mundo o poder de Deus:" E indo, pegai, dizendo: É chegado o reino dos céus. Curai os enfermos, limpai os leprosos, ressuscitar os mortos, expulsai os demônios; de graça recebestes, de graça dai. Não possuas ouro nem prata ou cobre em vossos cintos. Nem bolsas para o caminho, nem duas roupas, nem sandálias, nem bordão.

Porque digno é o trabalhador de seu salário". (Mateus 10:7-10) Após receberem poder os doze apóstolos foram orientados a saírem pelas cidades de Israel, pregando a respeito do reino dos céus e realizando grandes feitos em nome de Jesus. No entanto lhes foi colocado uma condição para que pudessem ter o direito de exercer tamanha missão, deveriam usar os em favor de seus semelhantes de maneira gratuita.

Sem cobrar nada por isso e não aceitar nada além do alimento. Pois disso é merecedor todo trabalhador. Portanto, é correto afirmar que os líderes evangélicos que hoje enriqueceram as custas das grandes somas de dinheiro doados em forma de dízimos e ofertas, pelos membros de suas igrejas que são enganados com a ideia absurda de que.

Em pleno século XXI Deus ainda requer deles este sacrifício. É uma afronta a tudo o que existe de mais sagrado. O ser humano tem a tendência de se agarrar em esperanças, toda promessa de que as coisas podem melhorar é geralmente aceita de imediato, tamanho o sofrimento em que vivem neste deserto sem paz e sedentos de esperança.

Diante de um quadro vergonhoso como este surgem os mercadores do evangelho, prometendo a solução para todos os problemas a preço acessível. Quem que esteja em completo desalento não irá pagar o que for para ter peço menos uma chance de ser feliz, principalmente quando a promessa vem de pessoas vistas como representantes do próprio Deus? Difícil mesmo recusar tamanha oferta!

Com apenas dez por cento do salário que ganha será possível, segundo estes enganadores, comprar de Deus qualquer bênção que se precise. A cura das doenças incuráveis, o emprego dos sonhos, o carro do ano, a casa própria, o pagamento das dívidas... São tantas garantias que parece mesmo valer a pena começar logo a doar no templo nossos dízimos.

Porém, em seguida vem a decepção, porque alguns até alcançam resultados positivos nestas investidas, talvez pela fé que foi tão grande ao ponto de fazer acontecer o impossível e isto moveu as mãos de Deus. Que decidiu atender suas necessidades. Mas, na maior parte dos casos foi tempo perdido esperar. O pior de tudo é perceber que esta doutrina maligna já se espalhou mundo à fora.

E conquistou milhares de incautos, pessoas completamente desconhecedoras das verdades bíblicas. A ordem das denominações religiosas em geral, neste fim dos tempos, é "pagar para ser abençoado".

E as pessoas aceitam esta imposição com a maior facilidade, sem ao menos investigar nas Escrituras, principalmente nos evangelhos. Se existem base bíblica para tal exigência. Na verdade, para estas raposas da religião moderna fica fácil extrair altas somas de dinheiro de uma geração analfabeta do conhecimento de Deus e de sua Palavra. São presas fáceis destes lobos devoradores por não conhecerem e andarem desprovidas da verdade do evangelho que se negam ler.

Por descaso ou desinteresse, e preferem aceitar as fábulas religiosas inventadas por seus pastores corruptos, considerá-las verdadeiras e seguirem seus conselhos condenáveis. Paulo, escreveu a seu discípulo Timóteo, enquanto assumiria a liderança de uma das igrejas recém fundadas: "Ora, o Espírito afirma que expressamente que, nos últimos tempos, alguns apostatarão da fé para obedecer a espíritos enganadores.

E a ensinos de demônios, pela hipocrisia dos que falam mentiras e que tem cauterizada a própria consciência" (1Timóteo 4:1,2) Pedro, demonstrando profunda indignação contra estes malfeitores, declarou: "Tendo os olhos cheios de adultério e insaciáveis no pecado. Enganando as almas inconstantes, tendo o coração excitado na avareza.

Filhos malditos, abandonando o reto caminho se extraviaram, seguindo o mesmo caminho de Balaão, filho de Beor, que amou o prêmio da injustiça... Esses tais são como fonte sem água, névoas impelidas por temporal. Para eles está reservada a negridão das trevas, porquanto, pronunciando palavras enganosas de vaidade prendem com paixões carnais nas suas libertinagens aqueles que já estavam prestes a fugir dos que andam no erro. Prometendo-lhes liberdade, quando eles mesmos são escravos de corrupção, pois aquele que é vencido fica escravo do vencedor (2 Pedro 14-19)

Os mercadores do evangelho estão cada vez mais expandindo seus comércios religiosos e acumulando enormes quantidades de riquezas. Tudo adquirido ilicitamente e as custas do nome de um Deus em quem sequer acreditam e por quem não demonstram ter qualquer temor.

Parte 2
Os Discípulos De Balaão

A doutrina religiosa sobre o dizimo como algo obrigatório na vida cristã tem causado o esfriamento da fé na ideia de salvação da alma humana e concernentes ao cristianismo e seus conceitos de humildade e misericórdia. Isto, porque diante de um quadro lastimável, onde os pastores deixam seus rebanhos jogados ao descaso para cuidarem apenas de seus próprios interesses.

Fica cada vez mais impossível crer na continuidade do amor de Deus pela vida humana. o povo é dia após dia explorado em sua fé, roubado por homens e mulheres que se vestem de sacerdotes e enganam com palavra persuasivas. Se dizendo representantes dos céus ensinam heresias. Prometendo ser capazes de abençoar e encaminhar seus ouvintes à salvação de suas almas, quando nem mesmo eles possuem certeza de estarem alvos.

Os templos vivem sempre abarrotados de pessoas em busca de soluções para seus incontáveis problemas, e, na maioria dos casos, voltam para suas casas com outros maiores na bagagem. Há famílias inteiras que decidiram se distanciar das suas congregações por causa do dízimo, seus líderes exigiam que pagassem a décima parte de algo que não tinham, e isto fez com que perdessem o direito a continuar exercendo funções no templo.

Participarem doa círculos de orações, exercerem seus antigos ministérios. E isto lhes entristeceu o coração, trazendo como consequência a desistência deste cristão em continuar presente na congregação e, ao abandoná-la, levou consigo os filhos, esposa(o) e tantos outros que, vendo tal coisa enfraqueceu na confiança e apagou dentro de si a chama da salvação.

Alguns pastores vão ao extremo de chamar os membros de suas igrejas de ladrões. Quando estes por alguma razão falham no pagamento do dízimo. A ganância que os move faz com que esqueçam do verdadeiro propósito de seus ministérios, que é de encaminhar almas para o Reino de Deus.

O olhar materialista destes guias da perdição, só conseguem ver as riquezas materiais deste mundo e fazem descaso do que disse Jesus a este respeito: "Não junteis tesouros na terra, onde a traça e a ferrugem tudo consome, e onde os ladrões minam e roubam, mas ajuntai tesouros no céu, onde nem a traça nem a ferrugem consomem.

E podemos ladrões não minam nem roubam. Porque, onde estiver o vosso tesouro ai estará o vosso coração "(Mateus 6:19-21) O acúmulo de riquezas neste mundo é uma das maiores bobagens que nós, seres humanos, cometemos. Afinal, o que levaremos quando chegar o momento de nossa partida?

O senhor advertiu o pastor da igreja de Laodicéia que deveria cair em si e perceber seu engano em pensar que o ouro e a prata que possuía lhe era de fato algo de grande importância, pois aos olhos de Deus não passava de um miserável: "E ao anjo que está em Laodicéia escreve: Isto diz o Amém, a testemunha fiel e verdadeira, o princípio da criação de Deus: Eu sei as tuas obras

Que não és quente nem és frio, oxalá fosses quente ou frio. Assim, porque não és frio nem quente, te vomitarei da minha boca. Como dizes: Rico sou e estou enriquecido, de nada tenho falta, porém não sabes que és um desgraçado, miserável, pobre, cego e nu. Aconselho-te que de mim compres ouro aprovado no fogo para que enriqueças.

E vestiduras brancas para que te vistas e não apareça a vergonha da tua nudez; que unhas os teus olhos com colírio, para que vejas"(Apocalipses 3:14-18) A ilusão daquele pastor em acreditar que todo o luxo em que vivia, por dirigir uma igreja cujos membros eram todos ricos e contribuíam com ofertas grandiosas.

E eram uma comunidade sem carências financeiras, não passava de uma crendice sem qualquer valor, diante dos olhos de Deus, que enviou através do profeta João uma carta, com a finalidade de repreender a indolência dele acreditar que era um homem rico e próspero. No final das contas, nem ele, nem aquela igreja.

Por mais ricos que pudessem ser, possuíam a principal riqueza da qual realmente precisavam, que era ter seus nomes escritos no livro da vida. A ansiedade desta humanidade em querer adquirir mais e mais bens de consumo, tem levado os cristãos deste século a deixar de lado o compromisso assumido na conversão à Cristo e dedicado maior parte do tempo em correr atrás de seus interesses materialistas. Assim como Balaão, o profeta que desprezou o dom recebido de Deus para ter visões e revelar os mistérios divinos para Israel, optando em aceitar os presentes ofertados por Balaque. Isso, no ambicioso objetivo de que amaldiçoasse os escolhidos de Deus (Números 22:1-41)

Os pastores e sacerdotes de hoje igualmente se corrompem ambicionando as "lentilhas" deste mundo pecaminoso. Ele já não encontra profetas dignos para falar através deles com a igreja e o pecador, talvez a cegueira destes líderes religiosos tenta se aprofundado tanto que nem mesmo se o Senhor usasse a de uma mula, para repreendê-los, como fez a Balaão, teria êxito.

Balaão

Foi convidado pelo rei dos moabitas para lançar maldições sobre o exército israelita que vinha em sua direção. Conquistando reinos e apossando-se da terra, depois que destruíram os amorreus. Assustado, ele ofereceu ouro e prata ao ganancioso profeta que ousou amaldiçoar Israel, mas sem nenhum sucesso. Deus então, enviou um anjo para interceptar o profeta, repreendendo-lhe pela boca da jumenta na qual montava.

"Balaão levantou-se Pela manhã e foi-se ter com os príncipes de Moabe. E a ira de Deus acendeu-se, porque ele se ia. E o anjo do Senhor pôs-se no caminho por adversário, ele ia caminhando montado na jumenta, e dois de seus moços com ele. Viu, pois, o animal o anjo que estava no caminho com sua espada desembainhada na mão e desviou-se do caminho, indo pelo campo.

Então, Balaão espancou a jumenta para fazê-la retornar ao caminho, mas o anjo do Senhor pôs-se numa vereda de vinhas, havendo uma parede dos dois lados, o animal assustado apertou-me numa das paredes e prendeu o pé do profeta, que passou a espancá-la novamente...O Senhor, então, abriu a boca da jumenta e a qual disse para Balaão: Que te fiz, para me espancares três vezes? E ele, respondeu: Porque combates de mim, se eu tivesse agora uma espada na mão te mataria.

E o animal disse-lhe: Porventura não sou eu tua jumenta, em quem cavalgastes desde que fui tua até hoje? Alguma vez tive costume de te fazer assim? E ele respondeu que não. Então o Senhor abriu o entendimento de Balaão e ele viu o anjo do Senhor. Que está à sua frente com a espada na mão. Pelo que se prostrou sobre seu rosto" (Números 22:21-31) Os dons de Deus não devem ser usados para gerar renda aos que os possuem.

Mas eles existem e são doados pelo Espírito Santo aos homens para que estes os usem em favor da igreja de Cristo. E, também, para revelar o poder do Senhor aos pecadores, para que vendo tais feitos temam e glorifiquem o nome do Senhor, rendendo-se a merecida gloria e louvor. Abandonando seus maus caminhos e convertendo-se a ele.

Quando se ensina que para receber uma cura divina é necessário pagar qualquer valor, assemelha-se a Balaão que decidiu vender o dom profético que tinha recebido de Deus para que, usando-o de maneira indevida pudesse amaldiçoar Israel em troca da prata e do ouro de Balaque. Quem assim faz, terá garantida a condenação de sua alma.

Será retirada a sua parte da "árvore da vida" (Apocalipse 2:7). O evangelho é a Graça Divina pela qual todos nós, ao cumprirmos, podemos ser salvos. É o dom gratuito do Senhor, que na cruz entregou a si mesmo para que todo aquele que nele crer não pereça, mas tenha a vida eterna (João 3:16)

Capítulo 2
Mercadores de Profecias

Encontrarmos com muita frequência em nossas congregações aquelas irmãs do círculo de oração que ganharam o título de profetas, por conseguirem obter respostas imediatas em suas petições diante de Deus. E não são poucos aqueles que procuram pagar pelos serviços de "consultoria profética" destas videntes. Para que intercedam diante do Senhor em favor destas pessoas que parecem ter medo de se comunicar diretamente com seu Criador.

Através da oração, possibilidade que nos foi concedida por Cristo na cruz. Aproveitando-se disso, as profetisas passam a comercializar o dom que receberam, fornecendo aos "clientes" respostas. na maioria das vezes falsas. Em troca de dinheiro ou qualquer outro benefício que lhe venham oferecer.

Essa prática vergonhosa tem transformado os dons de Deus num meio de gerar rendas para indivíduos ambiciosos que amam mais os bens terrenos que a própria salvação da alma. E invés de serem úteis para despertar a igreja dos perigos que a cercam neste mundo, transforma-se num instrumento de escândalo para aqueles que criticam o evangelho.

Desde os tempos em que os profetas passaram a ser usados na finalidade de revelar a vontade de Deus a Israel, que haviam entre eles os que se corrompiam. E vendiam ou trocavam o uso deste importante dom por presentes de grande valor. Entre tantos, a Bíblia nos destaca o profeta Balaão, que chegou ao extremo de aceitar amaldiçoar os israelitas em troca do ouro e da prata prometidos pelo rei Balaque, porém todas as vezes que tentava assim fazer era impelido pelo Espírito a abençoá-los (Números 23:1-30; 24:1-25).

Desde então, todo profeta que se corrompe e passa a negociar seus dons de visões e revelações passa a ser visto como um "discípulo de Balaão". Por imitarem a atitude ambiciosa que lhe foi característico, o crescente comércio de profecias no seio das nossas congregações vem se tornando cada vez mais frequentes e crescem descontroladamente.

Levando antigas servas do Senhor a se tornarem filhas de satanás. Aceitar presentes ou favores em troca do uso de qualquer dom espiritual é suborno, um pecado gravíssimo de acordo com as Escrituras (Êxodo 23:8) cega quem dele faz uso e o faz perverter os caminhos da justiça (1 Samuel 8:3) Quando Cristo desfaleceu na cruz houve forte tremor de terra.

Soprou uma grande tempestade e o "véu do templo se rasgou" (Marcos 15:38) Simbolizando que daquele momento em diante todos nós, que entregamos nossas vidas a Deus, mediante a aceitação de seu Filho como nosso Salvador, podemos nos comunicar diretamente com ele por meio de nossas orações, sem necessitarmos de um intermediário para levar até ele nossas petições. Infelizmente as religiões deixaram de ensinar a Bíblia em seus púlpitos e ao invés disso colocam ali cantores modernistas.

Verdadeiros animadores de palcos, para descontrair a igreja que já não mais se reúnem para alimentar-se do evangelho e aprender como viver de acordo com a santa vontade de Deus, mas no intuito de cantar, bater palmas e se divertir. O Senhor fez referência a isto quando disse "Errais não conhecendo as Escrituras" (Mateus 22:29) O cristão que despreza ter conhecimento de Deus transforma-se num cego espiritual e termina por ser conduzido por guias cegos e acaba por tropeçar nos próprios pecados por não saber como andar em retidão.

Os que comercializam o evangelho e os dons espirituais enriquecem do dia pra noite. Às custas de pessoas que não ligam importância em ler as Escrituras, preferindo aceitar de bom grado as mensagens inventadas por pregadores que visam apenas convencê-los a lhes dar parte de tudo o que possuem.

Hoje, ser profeta é ser mensageiro de boas notícias, nenhuma repreensão de Deus é anunciada a igreja para não lhes ferir os sentimentos, são apoiadores de pecados e verdadeiros covardes, visando agradar seus ouvintes para deles receberem presentes e elogios. Quando possuem alguma causa para resolver e precisam de ajuda dos céus correm a procura dos videntes da igreja.

Pagam e ouvem deles que Deus vai resolver seus problemas e voltam para suas casas cheios de esperanças. Para estes que preferem confiar nas fábulas proféticas de homens e mulheres, invés de buscar no Poderoso Santo de Israel a resposta ou a ajuda que precisam, ficam as palavras do Senhor, pela boca de Jeremias: "Assim diz o Senhor: Maldito o homem que confia no homem, faz da carne mortal o seu braço e aparta seu coração do Senhor. Porque será como o arbusto solitário no deserto e não verá quando vier o bem.

Antes, morará nos lugares secos, na terra salgada e inabitável. Bendito o homem que confia e cuja esperança é o Senhor, porque ele é como arvore plantada junto as águas. Que estende suas raízes para o ribeiro e não receia quando vem o calor, mas suas folhas ficam verde e no ano de sequidão não se perturba nem deixa de dar fruto (Jeremias 17:5-8) Já naquela época, séculos antes do Filho de Deus vir a este mundo para se entregar na cruz como sacrifício vivo em prol da humanidade.

Quando não existiam toda essa modernidade e tecnologia que hoje se ver e mais bens de consumo enchem os olhos das pessoas de ambição, os videntes do Senhor já se corrompiam e lhe viravam as costas, escolhendo prender-se ao materialismo e as paixões mundanas. Por diversas ocasiões Jeremias foi enviado para o meio do povo na missão de repreender os corruptos e despertar os israelitas para que renegassem tais indivíduos:

"Porque entre o meu povo se acham perversos, cada um deles anda espiando para saber como criar armadilhas e prender os homens em seus enganos. Como gaiolas cheias de pássaros, assim são suas casas cheias de fraudes, por isso se tornam poderosos e enriquecem. Engordam e ultrapassam até os feitos do maligno.

Não defendem mais a causa das viúvas nem dos órfãos para que prosperem, nem julgam mais o justo direito dos necessitados. Coisa espantosa, e horrenda, andam fazendo na terra, os profetas profetizam falsamente e os sacerdotes dominam de mãos dadas com eles, e é o que desejam o meu povo. (Jeremias 5:26-31) Ha muitos séculos atrás que o Senhor vem suportando estes mercadores de profecias.

Estes seguidores de Balaão estão sempre dispostos a negociar suas revelações inventadas de acordo com aquilo que as pessoas querem ouvir. Chegam nos púlpitos e apregoam que Deus está feliz da vida com a vida errônea que estão vivendo e afirmam que ele irá lhes cobrir de benções. São elogiados e aplaudidos por multidões que admiram seus discursos.

Recebem valiosos donativos para que continuem mentindo aos seus ouvidos. "Porque desde o menor deles até o maior, cada um se dá a ganância. Tanto o profeta como o sacerdote usam de falsidade, Curam apenas superficialmente a ferida do meu povo, dizendo-lhes: Paz, paz, quando não há paz (Jeremias 8:10,11)

Capítulo 3
Mercadores De Milagres

Apesar de jesus ter prometido que os dons espirituais, seguiriam os que cressem e que ainda em nossos dias ele opera poderosamente da igreja, sabemos que ele mesmo nos adverte em seu evangelho que no final dos tempos surgiriam falsos profetas que teriam a capacidade de fazer muitas maravilhas, ao ponto de enganar até os escolhidos (Mateus 24:24)

E que espíritos imundos surgiriam na terra para operar maravilhas entre os homens, e enganar os reis deste mundo (Apocalipse 16:14) Esta quantidade exagerada de milagres ocorridos nas igrejas nem todos podem ser atribuídos ao poder milagroso do Espírito Santo. Porque eles são geralmente feitos por pessoas cuja vida espiritual não condiz com a santidade de Deus.

E esta conversa que o Senhor usa qualquer um para operar milagres é falsa, pois a jumenta que ele usou para falar com o profeta Balaão, quando este não queria lhe dar ouvidos, era completamente limpa de pecados e não pode ser usada de exemplo quanto a esta hipótese. A verdade é que a terra já está cheia de espíritos imundos que receberam de Deus o poder de curar e diversos outros tipos de maravilhas, este é o teste pelo qual os escolhidos irão ter que passar para provar o quanto são de fato fiéis e sabem diferenciar a luz das trevas e o bem do mal.

Paulo diz em sua carta que Satanás é capaz de se transformar num anjo de luz. Apenas para enganar os desapercebidos das verdades celestiais (2 Coríntios 11:14) Uma das principais características de Jesus, quanto ao seu jeito próprio de efetuar milagres, é que ele nunca procurou se auto promover as custas disso. Podemos ver nos evangelhos casos em que ele pediu aos que libertou e curou que nada falassem do que fez por eles.

Porém, estes operadores de milagres tudo fazem para conquistar a admiração de seus expectadores e atrair cada vez mais pessoas para seus templos, visando aumentar os dízimos e ofertas em suas tesourarias. Tudo o que Jesus fez em seu ministério tinha por objetivo ajudar as pessoas, era por amor e misericórdia, nada foi feito em troca de fama, dinheiro ou qualquer outro tipo de recompensas.

No entanto, aqueles que hoje se intitulam seus seguidores usam seu nome para ganhar dinheiro e acumular riquezas. Há pastores donos de bilhões em dólares ganhos as custas do evangelho e da ignorância de pessoas incautas quanto o que Deus realmente requer de cada uma delas, presas fáceis nas garras destes lobos vorazes, que delas tiram até o último centavo.

E é esta a característica que nos permite identificar os falsos profetas, tudo que fazem é com uma visão materialista e interesseira. Nestes últimos tempos, as três áreas que mais traz retornos financeiro imediatos é a política, o futebol e a religião. Quem não tem uma boa profissão ou não conseguiu progresso de outra maneira, mas possuem talento para pregar o evangelho.

Convencer as pessoas a pagar qualquer valor por uma benção, pode vir a se tornar um futuro bilionário, basta simplesmente fundar uma igreja evangélica, e sair por aí prometendo salvação e libertação para os oprimidos.

O livro de Atos dos Apóstolos descreve um episódio que nos mostra como desde aquela época, pouco tempo depois da ressurreição de Jesus. Já surgiam os ambiciosos, querendo tomar posse dos dons espirituais para ganhar dinheiro, fama e fazer sucesso: " Vendo Simão que pelo fato de imporem os apóstolos as mãos nos novos convertidos lhes era concedido receber o Espírito Santo, ofereceu-lhes dinheiro, propondo: Concedei-me a mim, também este poder para que sobre aquele a quem eu impuser as mãos receba o Espírito Santo.

Pedro, porém, lhe respondeu: O teu dinheiro seja contigo para a perdição, pois julgaste adquirir por meio dele o dom de Deus. Não tens parte nem sorte neste ministério, porque o teu coração não é reto diante de Deus. Arrepende-te, pois, da tua maldade e roga ao Senhor, talvez te seja perdoado o intento do teu coração, pois vejo que estais em fel de profunda amargura e em laço de iniquidade" (Atos 8: 18-23)

Simão era um homem ambicioso, tinha em mente que poderia comprar o poder que vinha do Senhor a seus apóstolos. Ao vê-los operando milagres e que ao colocar suas mãos sobre a cabeça dos irmãos novos convertidos descia eram batizados com fogo, teve a pretensão de adquirir aquela virtude negociando-a como se fosse uma arte qualquer e não um dom divino, vindo diretamente de Deus.

Pedro ficou furioso com a atitude diabólica do pretensioso homem, que lançou sobre ele uma terrível maldição, condenando a sua alma na escuridão eterna, caso não se arrependesse imediatamente de tal pecado. Usar os dons espirituais para benefício próprio é uma blasfêmia contra o Espírito Santo e leva quem assim faz a perder a salvação (Mateus 12:31)

E o mais interessante é que todos estes mercadores de milagres são conhecedores desta verdade, mas permanecem nos seus caminhos perversos e com seus corações cheios de malícias, por não estarem constrangidos pelo mal que praticam. São milhares de vítimas em redor do mundo, ouvindo e aceitando mensagens enganosas que lhes levam a crer num falso deus.

Disposto a vender suas bênçãos e seus dons, como se ele tivesse a necessidade de possuir as riquezas terrenas das quais ele tanto ambiciona. Nós, verdadeiros cristãos, estamos confinados a viver cercados por todo tipo de enganos, porque vivemos a Era da corrupção anunciada por Cristo (Marcos 13:8) descrito como o pior já vivenciado pela igreja cristã desde que foi fundada a mais de dois mil anos atrás.

Estamos nos aproximando do Apocalipse, da época em que surgirá no mundo o anticristo, a personificação humana de Satanás que dominará os habitantes da terra e por um curto, mas terrível período de tempo, fará opressão aos que aqui ficarem ao ponto de desejarem a morte (Mateus 24:21) Toda esta apostasia, a blasfêmia contra tudo o que existe de mais sagrado.

O destemor do homem moderno em relação as punições por seus atos de rebeldias e pelas afrontas que fazem contra a santidade do Senhor, nada mais pode ser do que o princípio do fim. Já é chegada a hora em que Deus cobrará do homem que ele criou e que se rebelou prestar contas por seus atos, pois a ira do Senhor se inflama e a sua vingança é certa (Ezequiel 25:17).

Capítulo 4
Mercadores De Bênçãos

Para a maioria dos cristãos possuir muitas riquezas é um sinal claro de ser alguém ricamente abençoado por Deus, devido o que lhes é ensinado pelos amantes de Mamom (Mateus 6:24) Jesus disse a seus discípulos que não poderiam amar a Deus e ao dinheiro, pois se dedicariam a um e aborreceriam ao outro.

Paulo explicou a seu discípulo Timóteo, que: "Nada trouxemos a este mundo e, portanto, nada dele podemos levar. Tendo com o que nos sustentar, vestir e comer, estejamos satisfeitos. Ora, os que querem ficar ricos caem em muitas tentações, ciladas e concupiscências, insensatas e perniciosas, as quais afogam os homens na ruína e perdição.

Porque o amor ao dinheiro é a raiz de todos os males, e alguns, nessa cobiça, se desviaram da fé e a si mesmos se atormentaram com muitas dores" (1 Timóteo 6:7-10) As novas religiões que surgem a cada dia em redor do mundo deixaram para trás aquele evangelho que transforma o vil pecador numa nova criatura.Porque pouco se importam com as almas que se perdem, o que na realidade buscam é aumentar os seus bens terrenos.

Já não há na igreja moderna homens como Paulo, que afirmava ser obrigado a anunciar o evangelho àqueles que estavam aprisionados nas trevas, porque esta foi a imposição do Senhor para que fizesse (1 Coríntios 9:16)

Ele assim como os demais apóstolos, não viam nesta obrigação o direito de retirar dela qualquer proveito que não fosse libertar os cativos das mãos do diabo. Os líderes religiosos atuais são dominados pelo materialismo, andam cegos pela ganância e escravizados pelas trevas.

As promessas de abençoar seu povo feitas por Deus, através dos profetas do Antigo testamento, são válidas até hoje. No entanto, as condições para que a igreja de Cristo seja abençoada são bem diferentes daquelas impostas a Israel.

Enquanto para eles era necessário obedecer a Lei entregue a Moisés, para os cristãos da nova Aliança basta somente ter fé. O conselho de Jesus para que pudéssemos alcançar nossas bençãos foram claras: "E tudo quanto pedirdes em oração, crendo, recebereis" (Mateus 21:22)

O segredo é a fé, dependendo do tamanho de nossa confiança, ao pedir algo, mais rápido virá a resposta: " E respondeu-lhes o Senhor: Se tiverdes fé do tamanho de um grão de mostarda, direis esta amoreira: Arranca-te e transplanta-te no mar, e ela vos obedecerá" (Mateus 17:6) Nosso maior problema é este, pouco cremos e quase que nada recebemos.

Capítulo 5
Modernismo Religioso

O ser humano está completamente perdido na escuridão de seus próprios conceitos errôneos de felicidade, acreditando ser possível conquistá-la com as riquezas materiais desta vida passageira. Então saem por aí fazendo tudo o que lhes for possível para adquiri-la, não importando o que seja, as consequências do que fazem, o importante é que os resultados estejam de acordo com o esperado. Se tornam corruptos, enganadores, aproveitadores dos menos informados.

E sem nenhum escrúpulo. São milhares de igrejas ao redor do mundo, como uma torneira aberta, dia e noite derramando dinheiro nos cofres dos templos onde são vendidos as curas divinas, que Jesus deixou para ser distribuído gratuitamente para aqueles que cressem no seu poder. Estes filhos do maligno fazem de tudo para alcançar seus intentos, até negociar as maravilhas de Deus, e mais ridículo é: perceber que esta atitude abominável é aceita de bom grado por quase todos.

Basta vestir um terno novo e ser um bom orador, dos tais que sabem arrancar lagrimas de quem lhes ouvem, para ser aceito como um grande pregador e cheiro Espírito Santo, digno de total confiança, um homem ou mulher de Deus, merecedor ou merecedora de elogios, aplausos e total confiança da igreja que se alimentam do " evangelho envenenado que apregoam.

Anunciar a salvação aos perdidos tornou-se uma profissão rentável, é mais quem quer seguir por este caminho que tem feito de muitos milionários. Não podemos, no entanto, condenar apenas estes materialistas, mas é correto dividir a culpa dessa vergonha religiosa com a população evangélica cristã de forma geral, pois é ela a maior responsável por tudo isto.

Haja vista cultivar esta tendência em sustentar os anseios ambiciosos destes discípulos de Balaão. Antigamente era um grande orgulho desfilar pelas ruas, usando um terno preto e portando uma bíblia na mão, recebíamos elogios por ser um pastor evangélico. Hoje, é uma vergonha nos identificarmos como tais, visto que ser um líder cristão nos dias atuais é sinônimo de corrupção.

Se nos tempos se Noé o Senhor sentiu-se arrependido de ter feito o homem (Gênesis 6:7) quanto mais agora, que ele se tornou dez vezes mais digno de condenação que antes. A humanidade de hoje não merecia ser destruída com água, da mesma maneira que ocorreu com aquela antiga geração, mas com fogo.

Para purificar a terra de sua imundície causada pelo homem deste tempo chamado de "moderno", confundindo modernidade com a liberdade de praticar todo e qualquer ato absurdo sem temor algum para com a justiça de seu Criador. Ele que tudo observa em silêncio, aguardando a hora certa de agir e puni-los no furor de sua ira.

Somos todos conhecedores da paciência que Deus tem para com nossos pecados e fraquezas, de como ele é clemente em entender e perdoar os atos de rebeldia que cometemos contra seus conselhos e orientações que nos dá na intenção de nos trazer a paz, para ficarmos resguardados do mal e dos perigos que a vida nos traz, mas esta paciência também tem limites.

Apesar de ele ser um Deus cuja força e poder são ilimitados, há um ponto em que ele decide levantar-se de seu trono e vingar-se de seus blasfemadores, daqueles que zombar de sua benevolência. A maior dor que arde no peito de Deus é perceber que a maioria das pessoas são tremendamente insensíveis ao ponto de pisarem por cima da cruz de Cristo, relegando o sacrifício feito por ele a nada, amando mais os prazeres deste mundo do que as celestiais.

Ao ponto de ousar vender o que nos foi prometido gratuitamente por Jesus, e o poder sagrado de curar e libertar, dado a sua igreja como prova se seu amor por toda a humanidade. Os mercadores de milagres vão continuar desafiando a glória e o poder de Deus, porque perderam o temor e o respeito à sua importância como Senhor de toda terra.

Este título tão importante para alguns, hoje se tornou absoluto para a maioria. O mundo em que vivemos desacredita na Bíblia e em tudo o que ela ensina, em Cristo e no seu sacrifício, no Deus que nos criou e fez todas as coisas. Os púlpito das igrejas estão repletos de "animadores de palcos", que só sabem cantar, dançar.

Falar palavras vazias e afirmar que os cristãos de hoje podem tudo, que esta geração é a mais religiosa, a mais devotada a Deus e que ele já confirmou a vitória em tudo o que planejarem fazer, independente da vida que levem e do pecado que pratiquem, pois para Jesus o importante é a fé que alguém tenha nele. Mas, espere aí, até onde há verdade nestas palavras?

Teria mesmo Deus se modernizado ao ponto de passar a aceitar uma vida de completa rebeldia aos ensinos de sua Palavra? E por acaso Deus se moderniza? Diante das constantes desobediência de seu povo, o Senhor usou seu profeta para esclarecer esta questão, que ele " é o mesmo ontem.

Hoje e eternamente "(Hebreus 13:8)) Ou seja, ele nunca mudará seus conceitos, pois é perfeito e não necessita de evoluir em nada no seu ser.Como Espírito e o Deus santo que sempre foi, é, será eternamente. Os mercadores de milagres são pregadores que usam os púlpitos dos templos para pregar um "evangelho adocicado", cheio de promessas em que Deus está disposto a abençoar sua igreja a qualquer custo, seu amor por Eça é tão grande que ele se dispõe a fechar os olhos pro seu pecado, por maior que seja.

Apenas para vê-la feliz. O que não passa de uma grandiosa mentira e afrontas deliberadas a sua santidade, pois em toda a extensão de sua Palavra, tanto no Antigo, quanto no Novo Testamento ele deixa explícito a sua exigência quanto a santidade de seus escolhidos (Levítico 19:1,2; Hebreus 11:14) E, essa observância que fez no passado, não perdeu a validade com o passar dos séculos.

E nem foi alterada, pois àquele que criou não sofre variação no tempo, ele é atual a cada geração que surge neste mundo. É cada vez mais comum ouvir os "vendedores de promessas " prometendo um paraíso para seus ouvintes, garantindo-lhes salvação, mesmo levando uma vida enlameada pela devassidão características desta juventude perdida.

Que representa o "futuro" deste mundo apodrecido pelas trevas que o domina. Na concepção destes facínoras, Jesus retornou aos céus para fazer moradas para a sua "noiva" que, independentemente da forma como estiver vivendo neste mundo, possui lugar garantido no seu Reino. Com isso, os cristãos atuais fazem pouco caso em manter-se puros. Como requer o Senhor em sua Palavra (Levítico 20:26) e vivem dissolutos, causando escândalos ao evangelho que apregoam aos que, semelhantes a eles, caminham na escuridão.

Não existe mais na terra uma igreja verdadeira e santa, ao ponto de servir como exemplo de pureza e justiça aos céticos de nosso tempo. O profeta de antemão já afirmava: " Todos se corromperam, não há um justo sequer..."(Salmos 106:39) E mais: "Esperamos pelo juízo e não há, pela salvação e ela está longe de nós" (Isaías 59:11) Diante de um cenário caótico como este é correto perguntar se Deus desistiu de punir o homem por suas loucuras, se decidiu deixá-lo vontade para fazer o que bem achar conveniente.

Tanto a si mesmo como para seus semelhantes. Alguém, certo tempo exclamou: "vi o ímpio com grande poder se espalhar como arvore na terra natal (Salmos 37:35) Uma pergunta válida para nossos dias: Porque as pessoas más só progridem em seus caminhos maliciosos, enquanto os que procuram ser justos e dignos vivem constantemente sob dolorosas provações.

Os pentecostais que antes confrontavam as doutrinas materialistas dos vendedores de promessas, passaram a imitá-los, pois perceberam que assim fica mais fácil enriquecer sem o menor esforço. Vender sonhos e ilusões para almas desesperadas virou o negócio do momento, melhor que o trabalho honesto, que muito se faz e nada recebe em troca.

Viver injustamente e explorando a fé dos mais fracos é, na atual sociedade corrupta em que estamos, a mais natural forma de se tornar alguém realizado e importante, no conceito errôneo daqueles que foram vencidos pelo inimigo do Senhor. Existem diversas portas abertas para levar o homem ao céu, uma só que realmente irá conduzi-lo a presença de Deus. Os que prometem e vendem no mercado negro das religiões as maravilhas de Deus, não sabem onde fica esta entrada nem o caminho correto para chegar até ela.

Jesus disse que "estreita é a porta e apertado o caminho que conduz a salvação, e poucos são os que passam por ela" (Mateus 7:14) Nada que vem do Senhor pode ser visto como algo fácil de se receber ou conquistar. Mas o preço a ser pago não é em dinheiro, ouro ou prata, mas, para ter acesso as maravilhas de Deus, depende somente de crer como ensinam as Escrituras (Romanos 10:11) e não deixar desfalecer as esperanças até que se cumpra aquilo que se espera alcançar(Hebreus 12:12.) Cristo garantiu que assim como um homem tem prazer em dá a seus filhos o que lhe pedem, da mesma forma Deus.

Sendo justo e amoroso, saberá dar aos que nele esperam tudo aquilo que dele esperam receber, sem cobrar nada por isso (Tiago 1:5) E a certeza de bençãos, curas e livramentos que ele mesmo nos fez se cumprirão na hora certa, sem a necessidade de ter ou não merecimentos disso (Isaías 48:11) A vontade do Senhor, nestes dias onde o homem tornou-se corrupto sem limite.

É que a humanidade se dê conta do caminho pecaminoso em que se encontra, para que exista a chance dele voltar a resgatá-la da condenação certa que aguarda todos quanto dele se distanciaram. Que trocaram suas verdades em mentiras, deram mais valor aos enganos de homens fingidos e suas mensagens dissimuladas, do que as garantias de misericórdias por ele feitas nos evangelhos.

Infelizmente, as trevas criaram uma venda nos olhos das pessoas, impedindo que possam perceber seus erros e o possível arrependimento destas inflações cometidas contra a justiça divina, e possibilitando ao Senhor restaurar com à sua maior criação.

Parte 3
Mercadores De Ilusões

A necessidade de ser feliz é uma das mais importantes características da alma humana, que necessita disso para poder encontrar a paz que a fará ter prazer em viver. Nossa existência desastrosa neste planeta tem causado a destruição da harmonia entre nosso espírito: e a natureza que nos cerca, então ambos sofrem pelo crescimento do mau que nós mesmos criamos com nossas atitudes impensadas. E, depois que destruir tudo o que Deus nos deu de bom para usufruirmos.

Reclamamos da má sorte colhida como fruto da semente maldita que espalhamos na terra, passando a nos agarrar em tudo o que parece ser uma solução imediata para nossas dores e frustrações. E é nestas horas de absoluta procura pela felicidade que surgem os "mercadores de promessas" na intenção de enganar os mais desapercebidos com suas garantias de levá-los a uma vida de completa realização espiritual, financeira e emocional.

A doutrina destes agentes dos infernos promete remover a tristeza dos corações amargurados, trazer de volta a alegria perdida e restaurar todos da pobreza em que se encontram, tudo em nome de um Deus com quem sequer se relacionam.

A verdadeira intenção deles para com esta sociedade vencida pelo pecado é simplesmente lhes roubar seus tesouros. Bens que possuam e possam enriquecê-los, e apagar o pouco da dignidade' que lhes resta. Vendem ilusões nos púlpitos dos templos, prometendo-lhes o impossível, pois eles não são capazes sequer de alcançar para si mesmos o que garantem aos outros. Talvez lhes entreguem as curas divinas que prometeram.

Pois o Espírito Santo poderá curá-las pelo compromisso com a fé presente em cada coração; quem sabe conseguirão fazer com que tenham progressos financeiros, pois o Senhor garante que tudo é possível só que crer, mas jamais lhes darão o dom de serem felizes, pois isto vem do alto, de se estar na presença do Altíssimo, e para isso é preciso mais que contribuir com dinheiro, ouro e prata.

É necessário viver como manda a sua Palavra. A ilusão de que doando quantias exorbitantes para as igrejas em que congregam irá garantir-lhes as bênçãos dos céus, tem levado um número enorme de cristãos a doar até o último centavo daquilo que ganham, na ânsia de tirar de seu interior a amargura que corrói suas almas diaceradas pelo distanciamento de Deus, a verdadeira razão para tanto desespero e solidão.

O pior, nisto tudo, é que nada do que fizerem, nem mesmo o pior doa sacrifícios irá reduzir ou até mesmo aliviar por completo o sofrimento destas almas que andam vagueando sem rumo nesta escuridão, como toupeiras, cavando um caminho indefinido na vida, sem saber onde vão parar. Nesta triste realidade, podemos citar a advertência do Mestre, que diz:" ...porque sem mim, nada podeis fazer"(Jo 15,5).

Nosso século pode ser visto como o mais incauto de todos os demais, tratando-se de conhecimentos bíblicos, apesar da expansão jamais vista das religiões e da propagação do evangelho, através de todos os meios de comunicações existentes em nosso tempo. As pessoas se acomodaram religiosamente e preferiram ouvir o que dizem os pregadores, nos seus longos discursos durante os cultos.

Do que tirar alguns minutos diários para ler as Escrituras e tentar compreender o que realmente ela nos ensina. Nesta inércia espiritual em que o ser humano se encontra ficou fácil enganá-lo com ensinos fora do contexto bíblico, completamente deslocado das perspectivas de Deus para cada uma de suas criaturas, que é manter com elas um relacionamento tal que lhe permita receber a adoração merecida.

Como o Soberano que sempre foi e será, bem como ter a oportunidade de mostrar a todos seu imenso poder abençoado, suprindo-lhes todas as necessidades, dando-lhes a tranquilidade que tanto anseiam Isto, de fato, aconteceria se as pessoas parassem de seguir tais enganadores.

E voltassem suas atenções para o alto, de onde certamente lhes virá o socorro (Salmos 121:1) Lembro-me que no passado os irmãos pentecostais se reuniam nas esquinas das ruas ou nas praças, usando suas caixas de som amplificadas, um microfone possante e aquelas bíblias de capas pretas, para anunciar em voz alta e em bom som que Jesus salva, cura e batiza no Espírito Santo.

Décadas se passaram e estes homens, mulheres, jovens e adolescentes que tinham prazer em falar ao mundo a respeito do amor de Deus desapareceram das esquinas e das praças, concentraram-se dentro dos templos para dar ouvidos as ilusórias mensagens de seus modernos pregadores, que não passam de mercadores das mais descaradas ilusões, elas quais lhes cegam o entendimento.

Não é por acaso que nestes últimos dias da igreja na terra presenciamos um povo frio e sem o fogo pentecostal do passado, deixaram de seguir os passos de Jesus e de atentar para os conselhos do Espírito de Deus, inclinando-se para o desvario de homens dominados pela loucura materialista que lhes transforma em pessoas insensivelmente desprezíveis.

Sem qualquer dignidade. Nossas cidades ficaram vazias do ecoar das vozes daqueles irmãos evangélicos, do cantar de louvores entoados pelas irmãs do círculo de oração, da mocidade cheia de unção e já não é mais possível ouvir o antigo hino que dizia:

"Foi na cruz, foi na cruz, quem um dia eu vi meus pecados castigados em Jesus..."nem as pregações poderosas dos antigos atalaias de Cristo, que ousadamente alertavam os ouvintes que Jesus está voltando e era necessário uma urgente conversão da vida de pecados em que se encontravam. Agora, a mensagem ouvida pela mídia é que Deus se modernizou ao ponto de não mais levar em conta os pecados da humanidade.

E estar disposto a perdoar qualquer afronta feita ao seu santo nome, bem como a abençoar todos os infratores de sua Lei e do evangelho que Cristo deixou como bússola para conduzi-los em direção aos céus. Assim como Jesus se indignou ao ver o templo cheio de vendedores ambulantes, transformando aquela casa de oração num mercado (Mateus 21:13)

Os cristãos fiéis que ainda restam, nesta geração, também se revoltam em presenciar o comércio do evangelho e de tudo que vem do Senhor, feito por estes filhos da perdição. Como profetizou Jesus a seus discípulos, no final dos tempos ocorreria o aumento desenfreado da iniquidade e, por causa disso, o amor de muitos esfriaria (Mateus 24:12) e passariam a devotar fé em deuses estranhos.

Em imagens e confiariam em si mesmos, não no Deus que lhes criou. Não adianta escrever milhões de livros, compor milhares de canções que falando do imenso amor de Cristo e do incomparável sacrifício que fez na cruz, explicar as Escrituras ou o evangelho, todos parecem surdos para ouvir a verdade.

Estão de olhos vendados para não perceber os enganos que são colocados diante deles disfarçados dos conselhos do Eterno, pronunciados pelas línguas carregadas de malícias e envenenadas de más intenções, dos mercenários que fugirão no primeiro sinal de desventura, na hora que chegar a dificuldade e a provação. Pois são dados apenas a bonança, aos bons momentos e a fartura, quando seca o pote e falta o azeite eles debandam.

E viram as costas para os desvalidos, de quem roubaram tudo o que tinha. O mundo que se diz moderno e evoluído, sequer sabe definir o certo do errado, a luz das trevas, o bem do mal, e ainda diz não precisar de Deus. Nem a ciência, que chegou a descobertas fantásticas nestas recentes décadas, é capaz de entender mistérios tão simples como a existência de um Ser que criou este mesmo universo que eles, os cientistas céticos.

Passam horas observando, usando as mais modernas tecnologias. Deus é tão real quanto o que podemos olhar e ver ao redor se nós neste momento. Como o ar que respiramos e sequer tocamos ou podemos ver. Ele está presente em toda a extensão da natureza a nossa volta, em tudo que se move, em tudo que tem vida, até mesmo nas águas dos rios e mares. No sol, na chuva, nos ventos e em cada partícula atos que compõem o universo. E, mesmo sendo assim tão tremendamente poderoso se permite ser achado pelo homem que não passa de nada aos seus pés. Então, porque deixar de ouvir a voz do seu Espírito e dar crédito ás palavras enganosas dos que tiram proveito da inocência alheia?

Por que devotar confiança nestes guias cegos que nem sabem ao certo para onde vão, nem onde firmam seus passos? O Senhor prometeu que chegaria o dia em que ninguém precisaria ensinar aos outros, porque cada um já traria no coração a sua Lei (Salmos 37:31)

Somos todos capazes de definir qual a maneira correta de nos portarmos perante Deus e o que fazer para tê-lo sempre por perto. Portanto, deixemos de seguir estas pedras de tropeços e nos reaproximemos da única rocha verdadeira de onde brotará a inesgotável fonte de água viva.

Capítulo 2
Evangelho Modernista

O mesmo mundo que se modernizou na ciência e tecnologia, que enviou o homem à lua e hoje transformou a comunicação em algo fenomenal, vive espiritualmente atrasado na sua relação com Deus, a quem insiste em negar a existência. Desde cedo aprendemos nas escolas que tudo o que há, inclusive o planeta em que vivemos.

Se formou de uma explosão cósmica ocorrida no universo há milhares de anos atrás. A Teoria da Evolução de Darwin tenta convencer a humanidade que o mundo se criou sozinho e que a ideia de um Deus poderoso, criando a terra, a vida nela existente e tudo o que se conhece ou ainda desconhece no espaço sideral.

É invenção religiosa e não passa de meras superstições. Para estes incrédulos, convencer que somos absolutos e não dependemos de nenhum outro Ser é algo que eleva o ego humano, tornando-nos soberanos em nossas próprias escolhas e decisões.

Assim, desde de crianças as pessoas acostumam-se a crer que a vida e resume apenas no aparente, naquilo que se pode ver e tocar, que a vida espiritual é um conceito absurdo e a morte é o fim da jornada.

Esta geração tornou-se cética quanto ao que existe além de seu olhar físico, e acreditar cegamente num livro considerado sagrado por contar a história de um povo que adorava um Deus eterno e soberano, parece-lhe algo banal.

Diante desta triste realidade, tornou-se necessárias mudanças na maneira de anunciar um evangelho que fosse aceito por uma sociedade "modernizada" em seus conceitos se fé e na sua opinião a respeito de um Deus cada vez mais esquecido e rejeitado. Como seria impossível modificar os textos sagrados de acordo com a visão modernista do século atual.

Tampouco mudar a personalidade divina, a saída seria encontrar um jeito de evangelizar sem ferir os princípios ideológicos destas pessoas adaptadas, desde bem cedo, a não levar em conta a condenação ou salvação da alma, visto sequer acreditar que haja alguma possibilidade de vida após a morte. A doutrina bíblica foi, portanto, incorporada a fábulas criadas pela mente humana.

E a ensinamentos de demônios, substituindo as ordenanças de Deus quanto a necessidade de se viver dignamente, pela libertinagem que hoje se vê nas igrejas que se denominam cristãs. A igreja está permeada de falsos profetas que anunciam um evangelho adocicado.

Onde o açúcar nele contido é o sabor do pecado que se esconde por trás dos atos ilícitos praticados por aqueles que, devido ouvir continuamente a frase "Jesus tudo perdoa ", perderam o temor do castigo eminente. Deus não sofre variação de caráter e jamais mudará a sua maneira de julgar o pecado, todos os infratores deliberados serão vistos como inimigos declarados. E, pela voz dos verdadeiros atalaias do passado declarou que todos os seus inimigos parecerão por sua espada de vingança.

Mesmo sendo um Deus de amor é, também, um Deus de justiça. Ele mesmo declarou que a vingança lhe pertence, dará na justa medida a recompensa para os que ousarem desafiar seu incomparável poder. Por se tornarem coniventes com o pecado dos que vivem no seio da igreja, fingindo-se de cristãos.

Quando não passam de joios fermentando a raiz do trigo que ainda resiste a esta crescente apostasia. Este evangelho permissível, que não discorda se nada e ainda garante que o Senhor, por entender a fraqueza do homem, perdoa todas as suas práticas abomináveis, nada se harmoniza com o que diz os ensinamentos dos profetas.

De Cristo e dos apóstolos a respeito da santidade que Deus requer do seu povo. Para compreendermos melhor esta questão do contraste entre o ensino dos falsos obreiros que usam os púlpitos dos templos para anunciar heresias e a verdadeira mensagem do Espírito Santo, para o ser humano deste tempo, é que Deus não abre mão de suas imposições.

Ou seja, ele não muda, não moderniza nem altera a sua Palavra. Acreditar num Deus que decidiu modernizar-se apenas para se adaptar aos caprichos' humanos, quanto a sua vontade pecaminosas, com o objetivo de agradá-los e não ser desprezado é o mesmo que afirmar ter ele se rebaixado ao cúmulo de se tornar menor que suas criaturas, imperfeitas e sem nenhuma santidade

. Ainda bem que todos nós os crentes em Jesus sabemos, somos cientes de jamais isto vir a ser possível, visto que a grandeza dele é perfeitamente incapaz de ser copiada. E, partindo deste princípio, compreendemos que este novo evangelho anunciado pelas religiões materialistas não condiz com a doutrina deixada por Cristo para ser vivida por quem confesse seu nome.

Que decida segui-lo como seus discípulos neste mundo. Na realidade, não deixa de ser uma estratégia maligna para afastar o homem de Deus e colocá-lo a disposição das influencias dominadoras do Diabo, que desde o princípio usa de enganos para seduzi-lo a rebelião. Já não é mais possível ouvir a voz do Espirito, ele foi amordaçado nos púlpitos.

Das igrejas e não pode mais alertar os cristãos das consequências de seus atos. Do perigo de suas ações, do mal que estar à porta ou da tempestade destruidora que se aproxima. Pois os verdadeiros profetas calaram-se todos, dando lugar aos mercenários que surgem no aprisco somente para alimentar-se das ovelhas gordas, lançando no descaso aquelas que nada tem a oferecer (Ezequiel 34:1-10)

Podemos encontrar os evangelistas desta nova Era de falsos mestres, entrando nos ônibus e anunciando o evangelho, exaltam o excelso nome do Senhor, falam de arrependimentos e transformações que sofreram, depois pedem dinheiro aos passageiros que, comovidos com o eloquente discurso, terminam por doar ao enganador certas quantias.

Acreditando, eles, estar mesmo cooperando com a "obra de Deus". Falar de Jesus pelas ruas, conduções, templos e na mídia tornou-se uma enorme fonte de renda que os mais ambiciosos e inescrupulosos escolhem para enriquecer facilmente, sem o árduo suor trabalho. São uns descarados que sequer se intimidam de barganhar alguns trocados falando do amor do Senhor.

Como se evangelizar pecadores fosse uma forma digna de ganhar seus sustentos. A alegação que fazem quanto a isso é que melhor será estar nos ônibus anunciando o evangelho e, recebendo por isso alguns trocados, do que andar por aí roubando. Claro que ninguém vai ousar negar que esta filosofia está corretíssima.

Mas, será que esta é a única forma digna de ganhar o pão de cada dia, negociando a Palavra de Deus, quando Cristo mesmo advertiu seus apóstolos a não cobrar valor algum ao apregoar sua salvação aos cativos do pecado, dizendo-lhes: " De graça daí, porque de graça recebestes" (Mateus 10:8b) Ao dizer que " digno é o trabalhador de seu alimento" (Mateus 10:10b)

Ele não citou que por esta árdua tarefa seus discípulos deveriam receber qualquer pagamento em dinheiro, ouro ou prata, mas apenas o seu "alimento". Este termo indica que um pastor, o evangelista e qualquer um que decida ganhar almas para o Reino de Deus não deve possuir além do que precisa para viver bem e cuidar de seus familiares.

Porém, não é isto que vemos acontecer nos ministérios de nossas igrejas. Com um número de novos convertidos cada vez maior nos templos e a quantidade de ofertas e dízimos, sendo doados sem nenhum controle por toda essa gama crescente de fiéis, os líderes religiosos são possuidores de contas bancárias com milhões, enquanto aquele irmão ou irmã que está sendo lesado por estes iníquos descem cada dia mais ao poço da pobreza.

Tanto financeira como espiritual. Desde os tempos antigos, quando Israel foi separado pelo Senhor para ser seu povo santo e separado das demais nações da terra, que no meio deles surgiram falsos mestres, induzindo-os com palavras cheias de enganos, visando desviar seus passos da vereda de justiça e levando todos a crer que é possível viver neste mundo cometendo todo tipo de abominação e ainda assim ser perdoado e aceito por Deus. Como se ele fosse conivente com as iniquidades cometidas deliberadamente por aqueles que um dia confessaram seu nome.

Através de Jeremias, numa época em que Israel parecia completamente inclinado a prática compulsiva do pecado, o Senhor fez uma pergunta óbvia ao povo: "Eis que vós confiais em palavras falsas, que para nada vos aproveitam. Que é isto? Vocês roubam e matam, comentem adultério e juram falsamente, sacrificam aos demônios e seguem deuses que não conhecem, e depois vem diante de mim nesta casa que se chama pelo meu nome, e dizeis: Estamos salvos! Falando isto somente para continuar praticando suas abominações às escondidas.

Seria a casa de Deus um covil de salteadores aos vossos olhos? Pois eu mesmo os vi cometendo estas abominações, diz o Senhor (Jeremias 7: 8-11) Os sacerdotes em Jerusalém também já eram dominados pela corrupção e usavam as ofertas e dízimos entregues pelos judeus no templo de forma desonesta, para uso pessoal e não coletivo, tornavam-se homens de muitas posses financeiras.

Condição condenável para homens escolhidos para dar exemplo de humildade, pureza e santidade àqueles que observava de longe seus atos. A Lei de Moisés proibia que um rei ou sacerdote acumulassem bens materiais e era exatamente isso que eles faziam, enquanto o restante do povo passa por sérias necessidades. Em nossos dias acontece da mesma forma, os pregadores anunciam um evangelho liberal, totalmente permissível.

Onde é possível cometer abominações e depois comparecer diante do altar com preces e intercessões na certeza de que suas orações serão todas atendidas, pois, segundo a ideologia condenável destes obreiros da iniquidade, o Deus de hoje propõe-se a perdoar toda e qualquer desobediência de seu povo em troca de adoração. Isaías foi ouro profeta usado pelo Senhor para espertar os israelitas da maneira vã como estavam vivendo.

Porque todos haviam se desviado do caminho da retidão e seguiam os desejos pecaminosos do seu coração:"Ai desta nação pecaminosa, povo carregado de iniquidade, raça de malignos, filhos corruptos que abandonaram o Senhor, blasfemaram do Santo de Israel. Regrediram em seus caminhos" (Isaías 1:4)

Esta deveria ser a mensagem pregada pelos atalaias de Cristo, se ainda existissem alguns deles meio a esta nova geração de cristãos. Se a corrupção não tivesse dominado seus corações e emudecido suas vozes, se eles não tivessem sido dominados pela covardia e pela ambição de olhar apenas para o umbigo e deixar que o rebanho caia ribanceira à baixo.

Sobre estes, Jesus advertiu as multidões que o seguiam: "Eu sou o bom Pastor. O bom Pastor dá a vida pelas ovelhas, mas o mercenário, que não é pastor, a quem não pertencem as ovelhas, vê quando vem o lobo, abandona as ovelhas e foge. Então o lobo arrebata as ovelhas e as dispersa" (João 10: 11,12) Esta é a qualidade negativa dos falsos mestres, a covardia.

Como apenas estão interessados em ganhar dinheiro às custas da igreja, pouco importando-se com a situação espiritual de seus fiéis, no rumor de qualquer dificuldade pela qual estejam passando eles desaparecem, deixando seus contribuintes a ver navios. Seus ensinamentos liberais convencem o mundo sem qualquer noção das verdades bíblicas de que a salvação depende do tamanho da oferta entregue nas tesourarias do templo.

Que Deus não abençoa quem pouco contribui. Isto faz com que o evangelho da graça, que serviria para libertar o pecador das trevas onde se encontra, a conduzi-lo cada vez mais para longe da luz de Cris

Parte 4 – Os Filhos Do Mal

1. Principais Características
1.1 Impiedade

Os filhos das trevas podem ser identificados pelo amor ao mundo e suas concupiscências. No prazer pela prática de atos imorais, pela violência e na corrupção dos valores morais. São citados nas Escrituras como joio (Mateus 13:24-30) ou ímpios (Provérbios 3:33) indivíduos dominados pelo mal, raízes amargas que podem contaminar todos ao redor com o amargor de suas ações vergonhosas. Não é difícil identificá-los.

Pois, mesmo quando estão encobertos por mantos de falsa justiça é possível perceber o mal cheiro da podridão de suas maldades, porque suas atitudes são continuamente más. Judas, apóstolo de Jesus, descreve em sua carta, enviada às igrejas no início da Era Cristã, detalhes sobre as qualidades negativas destes que vivem nas sombras.

"Porque se introduziram alguns, que já antes estavam escritos para este mesmo juízo, homens ímpios, que convertem em dissolução a graça de Deus. E negam a Deus, único dominador e Senhor nosso, Jesus Cristo. Mas quero lembrar-vos, como a quem já uma vez soube isto, que, havendo o Senhor salvo um povo, tirando-o da terra do Egito, destruiu depois os que não creram. E aos anjos que não guardaram o seu principado, mas deixaram a sua própria habitação.

Reservou na escuridão e em prisões eternas até ao juízo daquele grande dia. Assim como Sodoma e Gomorra, e as cidades circunvizinhas, que, havendo-se entregue à fornicação como aqueles, e ido após outra carne, foram postas por exemplo, sofrendo a pena do fogo eterno.ME, contudo, também estes, semelhantemente adormecidos, contaminam a sua carne.

E rejeitam a dominação, e vituperam as dignidades. Mas o Arcanjo Miguel, quando contendia com o diabo, e disputava a respeito do corpo de Moisés, não ousou pronunciar juízo de maldição contra ele; mas disse: O Senhor te repreenda. Estes, porém, dizem mal do que não sabem; e, naquilo que naturalmente conhecem, como animais irracionais se corrompem.

Ai deles! Por que entraram pelo caminho de Caim, e foram levados pelo engano do prêmio de Balaão, e pereceram na contradição de Coré. Estes são manchas em vossas festas de amor, banqueteando-se convosco, e apascentando-se a si mesmos sem temor; são nuvens sem água, levadas pelos ventos de uma para outra parte; são como árvores murchas, infrutíferas, duas vezes mortas, desarraigadas.

Ondas impetuosas do mar, que escumam as suas mesmas abominações; estrelas errantes, para os quais está eternamente reservada a negrura das trevas. E destes profetizou também Enoque, o sétimo depois de Adão, dizendo: Eis que é vindo o Senhor com milhares de seus santos. Para fazer juízo contra todos e condenar dentre eles todos os ímpios.

Por todas as suas obras de impiedade, que impiamente cometeram, e por todas as duras palavras que os pecadores disseram contra ele. Estes são murmuradores, queixosos da sua sorte, andando segundo as suas concupiscências, e cuja boca diz coisas mui arrogantes, admirando as pessoas por causa do interesse.

Mas vós, amados, lembrai-vos das palavras que vos foram preditas pelos apóstolos de nosso Senhor Jesus Cristo. Os quais vos diziam que nos últimos tempos haveria escarnecedores que andariam segundo as suas ímpias concupiscências. Estes são os que a si mesmos se separam, sensuais, que não têm o Espírito. Mas vós, amados, edificando-vos a vós mesmos sobre a vossa santíssima fé, orando no Espírito Santo. Conservai-vos a vós mesmos no amor de Deus, esperando a misericórdia de nosso Senhor Jesus Cristo para a vida eterna.

E apiedai-vos de alguns, usando de discernimento. E salvai alguns com temor, arrebatando-os do fogo, odiando até a túnica manchada da carne. Ora, àquele que é poderoso para vos guardar de tropeçar, e apresentar-vos irrepreensíveis, com alegria, perante a sua glória. Ao único Deus sábio, Salvador nosso, seja glória e majestade, domínio e poder.

Agora, e para todo o sempre. Amém. E Pedro, seguindo o exemplo de Judas, também escreveu sobre suas características que os caracterizam como inimigos da cruz de Cristo: "Estes são fontes sem água, nuvens levadas pela força do vento, para os quais a escuridão das trevas eternamente se reserva. Porque, falando coisas mui arrogantes de vaidades.

Engodam com as concupiscências da carne, e com dissoluções, aqueles que se estavam afastando dos que andam em erro, lhes prometendo liberdade, sendo eles mesmos servos da corrupção. Porque de quem alguém é vencido, do tal faz-se também servo. Porquanto se, depois de terem escapado das corrupções do mundo, pelo conhecimento do Senhor e Salvador Jesus Cristo, forem outra vez envolvidos nelas e vencidos. Tornou-se o último estado pior do que o primeiro. Porque melhor lhes fora não conhecerem o caminho da justiça.

Do que, conhecendo-o, desviarem-se do santo mandamento que lhes fora dado; deste modo sobreveio-lhes o que por um verdadeiro provérbio se diz: O cão voltou ao seu próprio vômito, e a porca lavada para a lama. (2 Pedro 2:17-22) Jesus, durante seus sermões, fez várias menções sobre estas sementes malditas.

Que, iguais a ervas daninhas, se espalham sobre a terra e servem de canais para que o mal se multiplique e tenha cada vez mais domínio sobre os alienados de Deus. Uma das parábolas referentes aos filhos de Deus e do maligno, foi a do trigo e do joio, que retrata a forma como o Diabo age para plantar este fruto maligna no meio dos justos e o triste final de quem.

Após ser influenciado por esta força das trevas. De forma deliberada seguir os desígnios pecaminoso de seu coração: "Propôs-lhes outra parábola, dizendo: O reino dos céus é semelhante ao homem que semeia a boa semente no seu campo. Mas, dormindo os homens, veio o seu inimigo, e semeou joio no meio do trigo, e retirou-se. E, quando a erva cresceu e frutificou, apareceu também o joio.

E os servos do pai de família, indo ter com ele, disseram-lhe: Senhor, não semeaste tu, no teu campo, boa semente? Por que tem, então, joio? E ele lhes disse: Um inimigo é quem fez isso. E os servos lhe disseram: Queres, pois que vamos arrancá-lo Ele, porém, lhes disse: Não; para que, ao colher o joio, não arranqueis também o trigo com ele.

Deixai crescer ambos juntos até à ceifa; e, por ocasião da ceifa, direi aos ceifeiros: Colhei primeiro o joio, e atai-o em molhos para o queimar; mas, o trigo, ajuntai-o no meu celeiro" (Mateus 13:24-30) "Então, tendo despedido a multidão, foi Jesus para casa. E chegaram ao pé dele os seus discípulos, dizendo: Explica-nos a parábola do joio do campo.

E ele, respondendo, disse-lhes: O que semeia a boa semente, é o Filho do homem, o campo é o mundo; e a boa semente são os filhos do reino; e o joio são os filhos do maligno; o inimigo, que o semeou, é o diabo; e a ceifa é o fim do mundo; e os ceifeiros são os anjos. Assim como o joio é colhido e queimado no fogo, assim será na consumação deste mundo. Mandará o Filho do homem os seus anjos.

E eles colherão do seu reino tudo o que causa escândalo, e os que cometem iniquidade. E irão ser lançados na fornalha de fogo; ali haverá pranto e ranger de dentes. Então os justos resplandecerão como o sol, no reino de seu Pai. Quem tem ouvidos para ouvir, ouça"(Mateus 13:36-43) Certamente chegará o dia do acerto de contas entre Deus e os rebelados, a paciência do Criador também tem limites.

Apesar dele ser ilimitado em glória e poder. E, quando chegar este dia, arderá o furor de sua ira, consumindo sem piedade todos aqueles que se declararam seus inimigos. O profeta descreveu este momento com pesar ao presenciar, através de suas visões, o triste fim dos que vivem na impiedade naquele episódio futuro, que chamou de:

O dia da ira do Senhor: " Eu dei ordens aos meus santificados; sim, já chamei os meus poderosos para executarem a minha ira, os que exultam com a minha majestade. Já se ouve a gritaria da multidão sobre os montes, como a de muito povo; o som do rebuliço de reinos e de nações congregados. O Senhor dos Exércitos passa em revista o exército de guerra.

Já vem de uma terra remota, desde a extremidade do céu, o Senhor, e os instrumentos da sua indignação, para destruir toda aquela terra. Clamai, pois, o dia do Senhor está perto; vem do Todo Poderoso como assolação.

Portanto, todas as mãos se debilitarão, e o coração de todos os homens se desanimará. E assombrar-se-ão, e apoderar-se-ão deles dores e ais, e se angustiarão, como a mulher com dores de parto; cada um se espantará do seu próximo. Os seus rostos serão rostos iluminados. Eis que vem o dia do Senhor, horrendo, com furor e ira ardente, para pôr a terra em assolação, e dela destruir os pecadores. Porque as estrelas dos céus e as suas constelações não darão a sua luz; o sol se escurecerá ao nascer, e a lua não resplandecerá com a sua luz.

E visitarei sobre o mundo a maldade, e sobre os ímpios a sua iniquidade. E farei cessar a arrogância dos atrevidos, e abaterei a soberba dos tiranos. Farei que o homem seja mais precioso do que o ouro puro, e mais raro do que o ouro fino de Ofir. Por isso farei estremecer os céus; e a terra se moverá do seu lugar, por causa do furor do Senhor dos Exércitos, e por causa do dia da sua ardente ira. E cada um será como a corça que foge, e como a ovelha que ninguém recolhe.

Cada um voltará para o seu povo, e cada um fugirá para a sua terra" (Isaías 13:3-22) A humanidade vive afundada no lamaçal de pecado, nadando nos lameiros de suas concupiscências, sem demonstrar qualquer preocupação com as consequências de seus atos. Porque os conceitos modernos sobre a forma de punição divina sobre os que pecam espontaneamente.

Atualmente pregadas pelas religiões, mostra tolerância exagerada para com suas rebeldias, levando-os a pensar que Deus se modernizou ao ponto de perdoar suas transgressões. Porém, aprendemos nas Escrituras que o Senhor, mesmo paciente com nossas fraquezas, não se permite ser escarnecido. E que diante do escárnio deste ergue-se de seu trono para punir os culpados pela afronta e destruir por completo quem dele fizer pouco caso.

Apesar de ser um Deus de amor, ele é, também, um Deus de justiça e castigará com a morte eterna no lago de fogo, toda alma que contra ele se levantar sem arrependimento (Apocalipse 20:15)

1.2 Idolatria

Nestes tempos modernos, onde os seres humanos criaram seus próprios deuses, os ídolos deixaram de ser apenas estátuas e objetos feitos de pau, ferro e gesso, para ser originado do próprio homem que, através da fama e da popularidade adquirida como um astro da música, cinema ou de qualquer outro meio, conquistam multidões.

E arrastam milhares de pessoas como seguidores, por onde quer que passam. Se no passado a idolatria era feita pela atribuição do poder divino a imagens que eram fundidas pelo próprio adorador, hoje está caracterizada pela admiração exagerada dos famosos por seus fãs. As celebridades são vistas pelo povo, que menosprezam a Deus.

Como verdadeiras divindades que chegam a causar delírios em seus admiradores, levando alguns a cometer suicídios ou tomarem decisões precipitadas por não ter conquistado a atenção esperada de seus ídolos. Recentemente a mídia noticiou o caso de uma apresentadora de TV que foi surpreendida por um fã enlouquecido.

Que invadiu a suíte do hotel onde ela se encontrava, no intento de abordá-la, sendo, porém, interceptado pelo cunhado da vítima que travou luta corporal com o invasor, resultando na morte do fã enlouquecido. Este é apenas um dos milhares de exemplos do que ocorre mundo a fora na vida dos famosos.

Que são assediados por admiradores que lhes idolatram por conta da fama ou da beleza que possuem. Para esta geração escravizada pela idolatria Deus não passa de uma lenda criada pelas religiões na finalidade de levar a humanidade para uma vida subjugada a uma divindade contrária a "liberdade" que merecem possuir. Para esta geração, a obediência das leis divinas é uma escravidão que pretendem evitar a todo custo, e esta rebelião contra os estatutos do Senhor é que os leva a estar desqualificados a merecer o título de filhos.

Visto que o rejeitam como soberano em suas vidas. Sabemos que a idolatria existe bem antes do surgimento da Lei e das religiões, as antigas civilizações, como os cananeus, que habitavam a Mesopotâmia, bem como os babilônicos e egípcios cultuavam seus falsos deuses. E por causa destas práticas de adoração a falsos deuses a maioria daquelas civilizações primitivas foram abolidas de diante da face do Senhor.

Completamente destruídas ou amaldiçoadas por ele, para sempre. As vezes nos perguntamos o porquê de nações como o Egito, que já foi uma grande potência econômica no mundo antigo, a África, Indonésia, Etiópia e várias outras permanecem até hoje em extrema pobreza.

Nem toda a ajuda global, que já foi enviada para tentar solucionar tamanha miséria, foi suficiente para sequer amenizar tal catástrofe social. Mas, tal resposta encontra-se na Bíblia Sagrada, no livro do profeta Isaías, onde podemos ler as profecias que Deus proferiu pela boca de seu servo contra estas civilizações que ousaram confrontá-lo. Recebendo o devido castigo pela afronta, a seu tempo (Isaías 13:1-22; 14:24-32;15;1-9; 18:1-7;19:1-25: 21-10) Um grande exemplo do cumprimento da vingança do Senhor.

Sobre estes povos em nossos dias é a atual crise vivida pelos assírios, onde as permanentes guerras levam o país a uma situação insustentável, em todos os aspectos. E chega ao ponto de seus habitantes buscarem refúgio nos países ocidentais, fugindo do terror ao qual foram submetidos.

Isaías profetizou contra a Assíria, a mando de Jeová, anunciando a sua futura destruição (Isaías 10:5-34) Ainda nos dias do profeta deu-se início as cobranças divinas sobre aquela nação, porém, tudo nos mostra que a ira de Deus contra ela perdurou até hoje. Nunca mais os egípcios voltaram a ter o orgulho que um dia teve seus faraós, a África, mesmo rica em minérios e possuir uma fauna e flora impressionante é a imagem viva da pobreza.

E o que dizer dos etíopes, uma nação antes valente e poderosa se resumiu no símbolo da miséria mundial. Muitas civilizações foram exterminadas pelos Judeus, no início da conquista da terra prometida, a mando do Senhor por serem idólatras.

E depois os próprios israelitas ao optarem em desafiar o poder de Deus, seguindo seus vizinhos na adoração de ídolos e demônios, foram igualmente amaldiçoados e espalhados por vários lugares da terra, sofrendo o horror do holocausto e servindo de espetáculo macabro para o resto do mundo. A idolatria consiste em trocar o verdadeiro Deus por falsas divindades, sejam imagens de supostos deuses.

Feitos pelas mãos dos homens ou pelos ídolos modernos, formados por famosos e seus feitos admiráveis neste mundo. Jesus chamou os judeus de seu tempo de "geração má e adultera"(Mateus 16:4) O século XXI além de possuir como uma mancha estas duas características, bastantes acentuadas, pode ser visto, também, como o período de maior expressão da apostasia humana.

Onde o homem se virou contra tudo o que pode ser visto como sagrado, tornando-se amantes incontestáveis das diversas formas de práticas idólatras modernas, de seu tempo. Nesta desenfreada rebeldia são punidos com pragas e moléstias que nem mesmo a ciência consegue explicar, os aumentos da violência e da corrupção na política e nos diversos setores da sociedade.

Tudo é resultado da decisão tomada pelo homem em se esquecer do seu Deus, que deu a vida na cruz para resgatá-lo da morte eterna. O apóstolo João, escrevendo para os cristãos da igreja primitiva, disse-lhes que há uma diferença entre os filhos de Deus e os filhos do maligno, e que se resume num único ponto: Os filhos de Deus não andam cometendo pecados (1 João 5:18).

De acordo com as Escrituras, nada aborrece mais o Senhor do que ter a sua glória trocada por ídolos, pois isto é uma afronta a sua santidade. Quando, no deserto, Moisés retornou da montanha depois de ter passado quarenta dias e quarenta noites com Jeová, recebendo dele as tábuas da Lei, encontrou o povo adorando um bezerro de ouro.

Esquecendo-se do bem que o Senhor lhes havia feito, livrando-os da escravidão de Faraó, e a indignação foi tamanha que autorizou a morte dos idólatras, considerando que aquela atitude do povo manchava a honra de seu libertador (Êxodo 32:25-29) E Arão, seu irmão, que cedeu as provocações dos insatisfeitos com a demora de Moisés em voltar, propondo-lhe que fizesse um deus que pudessem ver e adorar.

Somente ficou vivo porque foi poupado pela ira do Senhor, mas o povo ele puniu, mesmo após a intercessão de Moisés (Êxodo 32:30-35) A modernidade de agora pode ter levado as pessoas a mudarem a maneira de idolatrar seus falsos deuses, mas ainda afrontam a santidade do Senhor da mesma forma de antes.

A afirmação quanto a isto, feita através do profeta, ainda ressoa pelo decorrer dos séculos. Lembrando que ele não permitirá que tirem dele a honra que merece, quando diz: " Eu sou o único Deus, além de mim não há outro que eu conheça, não darei minha glória aos ídolos " (Isaías 44:6) Salomão foi escolhido entre os filhos de Davi para suceder seu trono e recebeu de Deus i privilégio de ser o homem mais sábio de todos terra.

Desde seus dias até hoje e enquanto houver vida humana neste planeta. O senhor prometeu que não existiu antes e nem existiria depois, alguém com maior sabedoria que ele (1 Reis 10:24) porém, para agradar suas muitas mulheres cometeu idolatria ao adorar os deuses que elas reverenciavam, e com isso se distanciou do Deus de Israel a quem seu pai foi fiel, e com isso pecou grandemente.

Para Deus, o simples fato de admirarmos a alguém além do normal, ter zelo exagerado por alguém ou por alguma coisa, por nossas casas e objetos, já é um ato de idolatria. O primeiro mandamento do decálogo deixa claro que o amor do homem a Deus deve ser incondicional, acima de todas as outras coisas existentes em sua vida: Mulher, filhos, familiares, amizades, trabalho, seus sonhos, projetos e ideais, sem exceção (Deuteronômio 6:5)

Podemos até, de certa forma entender o porquê do apóstolo afirmar que o Espírito de Deus tem "ciúmes" de nós (Tiago 4:5) Claro que este ciúme não é egoísta e pecaminoso como o que sentimos por alguém que se tornou fruto de nossas paixões, carnais, mas sim um zelo, um cuidado para que não venhamos a nos distanciarmos dele ao ponto de sermos tragados pelas trevas. E a idolatria afasta-nos do Senhor, causa uma separação enorme entre nós e ele, fragilizando nossa vida espiritual.

E nos aproxima do do mal que tem por plano destruir a cada um dos filhos de seus escolhidos. O caso é tão sério, que ao ordenar Moisés a levar os israelitas libertos só Egito, advertiu: "Guarda-te que não façais aliança com os moradores da terra para aonde hás de entrar, para que isso não seja por laço no meio de ti. Mas seus altares destruirás, suas estátuas quebrarás e seus bosques queimaria. Porque não te inclinarás diante de outros deuses, pois o nome do Senhor é santo, Deus zeloso ele é.

Não façais concerto com os habitantes desta terra e não se prostitua após os seus deuses, nem sacrifiquem a eles e nem ao ser convidado deles comais dos seus sacrifícios. Não tomem mulheres das suas filhas para teus filhos, pois elas se prostituem com falsos deuses e farão com que eles também passem a prostituir-se"(Êxodo 34:12-16)

Por causa desta recomendação feita pelo Senhor a seu servo e a seu povo, os verdadeiros filhos de Deus evitam manter qualquer tipo de relacionamento íntimo com descrentes, pois todo aquele que não professa fé em Jesus Cristo, nem vivem segundo os preceitos do evangelho, são considerados cananeus, vistos pelo Senhor como aquelas civilizações que ele baniu de sua face por cultuaram deuses estranhos, idolatrar falsas divindades e não o Criador de todas as coisas.

Os verdadeiros filhos de Deus não devem se misturar com os costumes mundanos, e para isto devem seguir os conselhos contidos nas páginas do Livro Santo. Porque são elas que advertem para que os que seguem o caminho da retidão mantenham-se longe destes adoradores de ídolos modernos desta Era, onde reina a apostasia da fé. O catolicismo facilmente aderiu a pratica da idolatria, aproximadamente a partir do ano 311 d.C, quando o imperador Constantino, ironicamente, converteu-se ao cristianismo.

E decidiu criar imagens de padres e bispos mortos, considerados santos e capazes de realizar milagres a quem lhes prestassem culto, colocando-as nos templos, onde os fiéis podiam adorá-las.

Com isso, deu-se início ao comércio de estátuas e imagens dos supostos santos, de onde era possível tirar muito proveito econômico, sustentando a ostentação de um clero cada vez mais exigente com a vida regalada que tinham as custas da ignorância dos colonos. Eles que eram explorados e convencidos a crer na falsa ideia de que os sacerdotes do catolicismo eram de fato os sagrados representantes de Deus na terra.

E merecedores de total respeito, reverencia e temor. Foi com o surgimento da Reforma Protestante, ocorrida no século XIV, liderada pelo reformador Martinho Lutero, que o catolicismo começou a perder a força. E novamente o verdadeiro cristianismo renasceu das cinzas do paganismo romano, levando o povo a relembrar os antigos ensinos aprendido com Jesus e seus apóstolos.

Ensinado aos cristãos da igreja primitiva e enterrado nos costumes pagãos de até então. Com a volta do evangelho de Cristo a ser pregado pelos reformadores o despertamento do povo quanto as coisas sagradas foi inevitável e novamente a luz da verdade reacendeu. Originando uma batalha nunca antes travada pela fé cristã.

Libertando o homem da ignorância religiosa na qual foi submetido e levando-o a entender a simplicidade de Deus quanto a sua maneira de conduzir os pecadores a salvação. Apesar da batalha travada contra a idolatria católica, a morte de cristãos que apoiaram o renascimento de um cristianismo limpo da influência do paganismo.

Ela permaneceu existindo até nossos dias e, infelizmente, milhares de pessoas ainda seguem seus preceitos errôneos. E sem fundamentos pautados na bíblia e no evangelho de Cristo, que leva seus adeptos a praticarem um dos pecados que mais desperta a ira de Deus. Por conta disso é correto afirmar que os católicos são destituídos do título de filhos de Deus, visto que praticam a idolatria, adorando imagens de esculturas.

Curvando-se e adorando deuses mortos, feitos de gesso, na personificação de homens e mulheres que existiram no passado e por viverem piedosamente foram considerados santos pelo clero católico, que passou a vender suas imagens aos fiéis, alegando ter eles o poder de operar milagres e conduzir o homem a Deus, quando sabemos que o próprio Jesus disse: " Eu sou o caminho, a verdade e a vida, ninguém chegará ao Pai se não for por mim" (João 14:6) Nenhuma outra porta tem o poder de nos conduzir a presença de Deus, apenas Jesus.

1.3 Inimigos Da Reforma

Um breve comentário feito pela escritora Hellen White sobre os principais reformadores dos primeiros séculos pré e pós Reforma Protestante, que contribuiu para em nossos dias pudéssemos ter a liberdade de conhecer e fazer uso das Sagradas Escrituras. As perseguições a estes heróis da fé e precursores da igreja que se iniciou nos tempos de Cristo.

Como não deveria deixar de ser, os filhos do mau são inimigos declarados de Deus e de seu Filho Jesus Cristo, além de odiarem a sua Palavra, encontrada na Bíblia Sagrada. Na antiguidade, o Diabo usou diversas formas de tentar evitar o progresso do evangelho, causando perseguição e morte aos salvos.

Podemos citar como exemplo das torturas sofridas pelos cristãos daquela época, o Coliseu romano. Usado pelos pais do catolicismo para torturar quem escolhesse seguir os ensinos de Cristo, negando-se a aceitar os ditames infames do clero católico, como a adoração de imagens, prática criada na Bíblia como idolatria e uma das maiores afrontas ao Senhor.

O papado foi, no início do cristianismo, a maior arma usada por Satanás para tentar impedir que as Boas Novas trazidas por Jesus aos cativos do pecado fosse de fato ouvida. E aceita, para transformar suas vidas, reaproximando-lhes da luz, e assim pudessem reviver-se espiritualmente: "Quando Jesus revelou a seus discípulos a sorte de Jerusalém e as cenas do segundo advento.

Predisse também a experiência de seu povo desde o tempo em que deveria ser tirado dentre eles até a Sua volta em poder e glória para o seu livramento. Do Monte das Oliveiras o Salvador contemplou as tempestades prestes a desabar sobre a igreja apostólica; e penetrando mais profundamente no futuro, seus olhos divisaram os terríveis e devastadores vendavais que deveriam açoitar seus seguidores nos vindouros séculos de trevas.

E perseguição. Em poucas e breves declarações de tremendo significado, predisse o que os governadores deste mundo haveriam de impor à igreja de Deus (Mateus 24:9, 21 -22) Os seguidores de Cristo deveriam trilhar a mesma senda de humilhação, ignomínia e sofrimento que seu Mestre palmilhara. A inimizade que irrompera contra o Redentor do mundo, manifestar-se-ia contra todos os que cressem em seu nome. "A história da igreja primitiva testificou do cumprimento das palavras do Salvador. Os poderes da terra e do inferno arregimentaram-se contra Cristo na pessoa de seus seguidores.

O paganismo católico previa que se o evangelho triunfasse, seus templos e altares desapareciam; portanto convocou suas forças para destruir o cristianismo. Acenderam-se as fogueiras da perseguição. Os cristãos eram despojados de suas posses e expulsos de suas casas. Suportaram "grande combate de aflições" (Hebreus 10:32). "Experimentaram escárnios e açoites, e até cadeias e prisões."(Hebreus 11:36) Grande número deles selaram seu testemunho com o próprio sangue.

Nobres e escravos, ricos e pobres, doutos e ignorantes, foram de igual modo mortos sem misericórdia. Essas perseguições, iniciadas sob o governo de Nero, aproximadamente ao tempo do martírio de Paulo, continuaram com maior ou menor fúria durante séculos. Os cristãos eram falsamente acusados dos mais hediondos crimes e tidos como a causa das grandes calamidades - fomes, pestes e terremotos.

Tornando-se, eles, objeto do ódio e suspeita popular, prontificaram-se denunciantes, por amor ao ganho, a trair os inocentes. Eram condenados como rebeldes ao império, como inimigos da religião e peste da sociedade. Grande número deles eram lançados às feras ou queimados vivos nos anfiteatros. Alguns eram crucificados, outros cobertos com peles de animais bravios e lançados à arena para serem despedaçados pelos cães.

De seu sofrimento muitas vezes se fazia a principal diversão nas festas públicas. Vastas multidões reuniam-se para gozar do espetáculo e saudavam os transes de sua agonia com riso e aplauso. Onde quer que procurassem refúgio, os seguidores de Cristo eram caçados como animais. Eram forçados a procurar esconderijo nos lugares desolados e solitários. "Desamparados, aflitos e maltratados (dos quais o mundo não era digno).

Errantes, pelos desertos, e montes, e pelas covas e cavernas da terra."(Hebreus 11:37-38) As catacumbas proporcionavam abrigo a milhares. Por sob as colinas, fora da cidade de Roma, longas galerias tinham sido feitas através da terra e da rocha.

O escuro e complicado trama das comunicações estendia-se quilômetros além dos muros da cidade. Nestes retiros subterrâneos, os seguidores de Cristo sepultavam os seus mortos; e ali também, quando suspeitos e proscritos, encontravam lar. Quando o Doador da vida despertar os que pelejaram o bom combate, muitos que foram mártires por amor de Cristo sairão dessas sombrias cavernas.

Sob a mais atroz perseguição, estas testemunhas de Jesus conservaram incontaminada a sua fé. Posto que privados de todo conforto, excluídos da luz do Sol, tendo o lar no seio da terra, obscuro, mas amigo, não proferiam queixa alguma. Com palavras de fé, paciência e esperança, animavam-se uns aos outros a suportar a privação e angústia. A perda de toda a bênção terrestre não os poderia forçar a renunciar sua crença em Cristo.

Provações e perseguição não eram senão passos que os levavam para mais perto de seu descanso e recompensa. Como aconteceu aos servos de Deus de outrora, muitos "foram torturados, não aceitando o seu livramento, para alcançarem uma melhor ressurreição" (Hebreus 11:35) Estes se recordavam das palavras do Mestre, de que, quando perseguidos por amor de Cristo.

Ficassem muito alegres, pois que grande seria seu galardão no Céu, porque assim tinham sido perseguidos os profetas antes deles. Regozijavam-se de que fossem considerados dignos de sofrer pela verdade.

E cânticos de triunfo ascendiam dentre as chamas crepitantes. Pela fé, olhando para cima, viam Cristo e os anjos apoiados sobre as ameias do Céu. Contemplando-os com o mais profundo interesse, como admirável aprovação, considerando a sua firmeza. Uma voz lhes vinha do trono de Deus: "Sê fiel até à morte, e dar-te-ei a coroa da vida." (Apocalipse. 2:10) Nulos foram os esforços de Satanás para destruir pela violência a igreja de Cristo.

O grande conflito em que os discípulos de Jesus rendiam a vida, não cessava quando estes fiéis porta-estandartes tombavam em seus postos. Com a derrota, venciam. Os obreiros de Deus eram mortos, mas a Sua obra ia avante com firmeza. O evangelho continuava a espalhar-se, e o número de seus aderentes a aumentar. Penetrou em regiões que eram inacessíveis, mesmo às águias romanas. Disse um cristão, contendendo com os governadores pagãos que estavam a impulsionar a perseguição:

"Podeis matar-nos, torturar-nos condenar-nos. Vossa injustiça é prova de que somos inocentes. Tampouco vossa crueldade vos aproveitará". Não era senão um convite mais forte para se levarem outros a mesma persuasão. "Quanto mais somos ceifados por vós, tanto mais crescemos em número; o sangue dos cristãos é semente." — ***Apologia, de Tertuliano, parágrafo 50.***

Milhares eram aprisionados e mortos, mas outros surgiam para ocupar as vagas. E os que eram martirizados por sua fé tornavam-se aquisição de Cristo, por Ele tidos na conta de vencedores. Haviam pelejado o bom combate, e deveriam receber a coroa de glória quando Cristo viesse. Os sofrimentos que suportavam, levavam os cristãos mais perto uns dos outros e de seu Redentor. Seu exemplo em vida, e seu testemunho ao morrerem, eram constante atestado à verdade; e, onde menos se esperava.

Os súditos de Satanás estavam deixando o seu serviço e alistando-se sob a bandeira de Cristo. Satanás, portanto, formulou seus planos para guerrear com mais êxito contra o governo de Deus, hasteando sua bandeira na igreja cristã.Se os seguidores de Cristo pudessem ser enganados e levados a desagradar a Deus, falhariam então a sua força, poder e firmeza, e eles cairiam como presa fácil.

O grande adversário se esforçou então por obter pelo artifício aquilo que não lograra alcançar pela força. Cessou a perseguição, e em seu lugar foi posta a perigosa sedução da prosperidade temporal e honra mundana. Levavam-se idólatras a receber parte da fé cristã, enquanto rejeitavam outras verdades essenciais. Professavam aceitar a Jesus como o Filho de Deus e crer em Sua morte e ressurreição; mas não tinham a convicção do pecado e não sentiam necessidade de arrependimento ou de uma mudança de coração.

Com algumas concessões de sua parte, propuseram que os cristãos fizessem outras também. Para que todos pudessem unir-se sob a plataforma da crença em Cristo. A igreja naquele tempo encontrava-se em terrível perigo. Prisão, tortura, fogo e espada eram bênçãos em comparação com isto. Alguns cristãos permaneceram firmes, declarando que não transigiriam. Outros eram favoráveis a que cedessem, ou modificassem alguns característicos de sua fé.

E se unissem aos que haviam aceito parte do cristianismo, insistindo em que este poderia ser o meio para a completa conversão. Foi um tempo de profunda angústia para os fiéis seguidores de Cristo. Sob a capa de pretenso cristianismo, Satanás se estava insinuando na igreja a fim de lhes corromper a fé e desviar-lhe a mente da Palavra da verdade. A maioria dos cristãos finalmente consentiu em baixar a norma, formando-se uma união entre o cristianismo e o paganismo.

Posto que os adoradores de ídolos professassem estar convertidos e unidos à igreja, apegavam-se ainda à idolatria, mudando apenas os objetos de culto pelas imagens de Jesus, e mesmo de Maria e dos santos. O fermento vil da idolatria, assim trazido para a igreja, continuou a obra funesta. Doutrinas errôneas.

Ritos supersticiosos, adoração e cerimônias idolátricas foram incorporados em sua fé e culto. Unindo-se os seguidores de Cristo aos idólatras, a religião cristã se tornou corrupta e a igreja perdeu sua pureza e poder. Alguns houve, entretanto, que não foram transviados por esses enganos. Mantinham-se ainda fiéis ao Autor da verdade, e adoravam a Deus somente.

Sempre tem havido duas classes entre os que professam ser seguidores de Cristo. Enquanto uma dessas classes estuda a vida do Salvador e fervorosamente procura corrigir seus defeitos e conformar-se com o Modelo, a outra evita as claras e práticas verdades que lhes expõem os erros. Mesmo em sua melhor condição a igreja não se compôs unicamente dos verdadeiros.

Puros e sinceros. Nosso Salvador ensinou que os que voluntariamente condescendem com o pecado não devem ser recebidos na igreja; todavia ligou a Si homens que eram falhos de caráter e concedeu-lhes os benefícios de seus ensinos e exemplos, para que tivessem oportunidade de ver seus erros e corrigi-los. Entre os doze apóstolos havia um traidor.

Judas foi aceito, não por causa de seus defeitos de caráter, mas apesar deles. Foi ligado aos discípulos para que, pela instrução e exemplo de Cristo, pudesse aprender o que constitui o caráter cristão e assim ser levado a ver seus erros, para arrepender-se e, pelo auxílio da graça divina, purificar a alma "na obediência à verdade".

Mas Judas não andou na luz que tão misericordiosamente foi permitido brilhasse sobre ele. Pela condescendência com o pecado, atraiu as tentações de Satanás. Seus maus traços de caráter se tornaram predominantes. Rendeu a mente à direção dos poderes das trevas, irava-se quando suas faltas eram reprovadas, sendo assim levado a cometer o terrível crime de trair o Mestre. Assim todos os que acariciam o mal sob profissão de piedade.

Odeiam os que lhes perturbam a paz condenando seu caminho de pecado. Quando se apresenta oportunidade favorável, eles, semelhantes a Judas, traem aos que para seu bem procuram reprová-los. Os apóstolos encontraram na igreja os que professavam piedade, ao mesmo tempo em que secretamente viviam na iniquidade. Ananias e Safira desempenharam o papel de enganadores pretendendo fazer sacrifício total a Deus.

Quando cobiçosamente estavam retendo uma parte para si. O Espírito da verdade revelou aos apóstolos o caráter real desses impostores, e os juízos de Deus livraram a igreja dessa detestável mancha em sua pureza. Esta assinalada evidência do observador do Espírito de Cristo na igreja foi um terror para os hipócritas e malfeitores.

Não mais poderiam permanecer em ligação com aqueles que eram, em hábitos e disposição, invariáveis representantes de Cristo. E, quando as provações e perseguições sobrevieram a seus seguidores, apenas os que estavam dispostos a abandonar tudo por amor à verdade desejaram tornar-se seus discípulos. Enquanto durou a perseguição, a igreja permaneceu pura. Mas, cessando a luta, acrescentaram-se conversos que eram menos sinceros e devotados, e abriu-se o caminho para Satanás tomar pé.

Não há, porém, união entre o Príncipe da luz e o príncipe das trevas, e nenhuma conivência poderá haver entre os seus seguidores. Quando os cristãos consentiram em unir-se àqueles que não eram senão meios conversos do paganismo. Enveredaram por caminho que levaria mais e mais longe da verdade. Satanás exultou em haver conseguido enganar tão grande número dos seguidores de Cristo.

Levou então seu poder a agir de modo mais completo sobre eles, e os inspirou a perseguir aqueles que permaneceram fiéis a Deus. Ninguém compreendeu como se opor à verdadeira fé cristã como os que haviam sido seus defensores; e estes cristãos apóstatas. Unindo-se aos companheiros pagãos, dirigiram seus ataques contra os característicos mais importantes das doutrinas de Cristo. Foi necessária uma luta desesperada por parte daqueles que desejavam ser fiéis, permanecendo firmes contra os enganos e abominações que se disfarçavam sob as vestes sacerdotais e se introduziram na igreja.

A Escritura Sagrada não era aceita como a norma de fé. A doutrina da liberdade religiosa era chamada heresia, sendo odiados e proscritos seus mantenedores. Depois de longo conflito, os poucos fiéis decidiram-se a dissolver toda união com a igreja apóstata, caso ela ainda recusasse libertar-se da falsidade e idolatria. Viram que a separação era uma necessidade absoluta se desejavam obedecer à Palavra de Deus.

Não ousavam tolerar erros fatais a sua própria alma, e dar exemplo que pusesse em perigo a fé de seus filhos e netos. Para assegurar a paz e a unidade, estavam prontos a fazer qualquer concessão coerente com a fidelidade para com Deus, mas acharam que mesmo a paz seria comprada demasiado caro com sacrifício dos princípios.

Se a unidade só se pudesse conseguir comprometendo a verdade e a justiça, seria preferível que prevalecessem as diferenças e as consequentes lutas. Bom seria à igreja e ao mundo se os princípios que atuavam naquelas almas inabaláveis revivessem no coração do professo povo de Deus. Há alarmante indiferença em relação às doutrinas que são as colunas da fé cristã.

Ganha terreno a opinião de que, em última análise, não são de importância vital. Esta degenerescência está fortalecendo as mãos dos agentes de Satanás, de modo que falsas teorias e enganos fatais, que os fiéis dos séculos passados expunham e combatiam com riscos da própria vida, são hoje considerados com favor por milhares que pretendem ser seguidores de Cristo.

Os primitivos cristãos eram na verdade um povo peculiar. Sua conduta irrepreensível e fé invariável eram contínua reprovação a perturbar a paz dos pecadores. Se bem que poucos, sem riqueza, posição ou títulos honoríficos, constituíam um terror para os malfeitores onde quer que seu caráter e doutrina fossem conhecidos. Eram, portanto, odiados pelos ímpios, assim como Abel o foi pelo ímpio Caim.

Pela mesma razão por que Caim matou Abel, os que procuravam repelir a restrição do Espírito Santo mataram o povo de Deus. Pelo mesmo motivo foi que os judeus rejeitaram e crucificaram o Salvador: porque a pureza e santidade de seu caráter eram repreensão constante ao egoísmo e corrupção deles. Desde os dias de Cristo até hoje, os fiéis discípulos têm suscitado ódio e oposição dos que amam e seguem os caminhos do pecado. Como, pois, pode o evangelho ser chamado mensagem de paz? Quando Isaías predisse o nascimento do Messias, conferiu-lhe o título de "Príncipe da Paz".

Quando os anjos anunciaram aos pastores que Cristo nascera, cantaram sobre as planícies de Belém: "Glória a Deus nas alturas, paz na Terra, boa vontade para com os homens" (Lucas 2:14)

Há uma aparente contradição entre estas declarações proféticas e as palavras de Cristo: "Não vim trazer paz, mas espada." (Mateus 10:34) Mas, entendidas corretamente, ambas estão em perfeita harmonia. O evangelho é uma mensagem de paz. O cristianismo é um sistema religioso que, recebido e obedecido, espalharia paz, harmonia e felicidade por toda a Terra.

A religião de Cristo ligará em íntima fraternidade todos os que lhe aceitarem os ensinos. Foi missão de Jesus reconciliar os homens com Deus, e assim uns com os outros. Mas o mundo em grande parte se acha sob o domínio de Satanás, o acérrimo adversário de Cristo. O evangelho apresenta-lhes princípios de vida que se acham totalmente em desacordo com seus hábitos e desejos, e eles se erguem em rebelião contra ele.

Odeiam a pureza que lhes revela e condena os pecados, e perseguem e destroem os que com eles insistem em suas justas e santas reivindicações. É neste sentido que o evangelho é chamado uma espada, visto que as elevadas verdades que traz ocasionam o ódio e a contenda. A misteriosa providência que permite sofrerem as justas perseguições às mãos dos ímpios.

Tem sido causa de grande perplexidade a muitos que são fracos na fé. Alguns se dispõem mesmo a lançar de si a confiança em Deus, por permitir Ele que os mais vis dos homens prosperem, enquanto os melhores e mais puros são afligidos e atormentados pelo cruel poder daqueles. Como, pergunta-se, pode aquele que é justo e misericordioso.

E que também é de poder infinito, tolerar tal injustiça e opressão? É esta uma questão com que nada temos que ver. Deus deu suficientes evidências de seu amor, e não devemos duvidar de sua bondade por não podermos compreender a operação de sua providência. Disse o Salvador a Seus discípulos, prevendo as dúvidas que lhes oprimiriam a alma nos dias de provação e trevas:

"Lembrai-vos da palavra que vos disse: Não é o servo maior do que o seu Senhor. Se a mim me perseguiram, também vos perseguirão a vós." João 15:20. Jesus sofreu por nós mais do que qualquer de Seus seguidores poderá sofrer pela crueldade de homens ímpios. Os que são chamados a suportar a tortura e o martírio não estão senão seguindo as pegadas do dileto Filho de Deus. "O Senhor não retarda a Sua promessa." (II Pedro 3:9)

Ele não se esquece de seus filhos, nem os negligencia; mas permite que os ímpios revelem seu verdadeiro caráter, para que ninguém que deseje fazer a Sua vontade possa ser iludido com relação a eles. Outrossim, os justos são postos na fornalha da aflição para que eles próprios possam ser purificados, para que seu exemplo possa convencer a outros da realidade da fé e piedade.

E também para que sua coerente conduta possa condenar os ímpios e incrédulos. Deus permite que os ímpios prosperem e revelem inimizade para com Ele, a fim de que, quando encherem a medida de sua iniquidade, todos possam, em sua completa destruição, ver a justiça e misericórdia divinas. Apressa-se o dia de Sua vingança. No qual todos os que transgrediram a lei divina e oprimiram o povo de Deus receberão a justa recompensa de suas ações; em que todo ato de crueldade e injustiça para com os fiéis será punido como se fosse feito ao próprio Cristo.

Há outra questão mais importante que deveria ocupar a atenção das igrejas de hoje. O apóstolo Paulo declara que "todos os que piamente querem viver em Cristo Jesus padecerão perseguições" (II Timóteo 3:12) Por que é, pois, que a perseguição, em grande parte, parece não existir e os cristãos de agora vivem em tranquilidade, sem as mesmas perseguições do passado?

A única explicação para isso é que a igreja se conformou com as normas pecaminosas deste mundo e, portanto, já não suscita oposição dos inimigos da cruz. A religião que em nosso tempo prevalece não é do caráter puro e santo que assinalou a fé cristã nos dias de Cristo e Seus apóstolos.

É unicamente por causa do espírito de apoio ao pecado, por serem as grandes verdades da Palavra de Deus vistas com desprezo, por haver tão pouca santidade na igreja, que o cristianismo, é aparentemente tão popular no mundo. Haja um recomeço da fé e poder da igreja primitiva, e o espírito de opressão reviverá, reacendendo-se as fogueiras da perseguição.

Durante séculos as pessoas viveram na ignorância, sem saber ao certo como deviam fazer para ter seus pecados perdoados, sem fazer ideia de que havia uma maneira de se reaproximar de Deus, sem a intervenção da igreja apóstata, que se desviou do caminho da verdade.

E tornou-se corrompida pela influência mundana, sentindo prazer na vida promíscua e vergonhosa na qual passaram a viver todos os seus sacerdotes. Finalmente, com o passar do tempo a perseguição sobre o cristianismo deixou de existir, mas as armas do mal permaneceram ativas e agindo contra os filhos da luz. A liberdade religiosa deu início em 1526. Ali os cristãos começaram a conquistar o direito de servir ao verdadeiro

Deus de todo o universo, o seu Salvador, aquele que de fato pagou, a preço de sangue, por sua salvação. No decorrer das perseguições sofridas pelos inimigos declarados de Deus, muitas vidas foram ceifadas por causa da fé que escolheram professar, até que o Senhor decidiu levantar-se de seu trono e enviar a providência que precisavam os seus filhos.

"Um dos mais nobres testemunhos já proferidos pela Reforma, foi o protesto apresentado pelos príncipes cristãos da Alemanha, na Dieta de Espira, em 1529. A coragem, fé e firmeza daqueles homens de Deus, alcançaram para os séculos que se seguiram, a liberdade de pensamento e consciência. O protesto deu à igreja reformada o nome de Protestante.

Seus princípios são "a própria essência do protestantismo"(D'Aubigné) Uma época tenebrosa e ameaçadora havia chegado para a Reforma. Apesar do edito de Worms, declarando Lutero proscrito, e proibindo o ensino ou a crença de suas doutrinas, até ali prevalecera no império a tolerância religiosa. A providência divina repelira as forças que se opunham à verdade.

Carlos V estava inclinado a aniquilar a Reforma, mas, muitas vezes, quando levantara a mão para dar o golpe, fora obrigado a desviá-lo. Repetidas vezes a imediata destruição de tudo que ousava opor-se a Roma parecia inevitável; mas no momento crítico os exércitos dos turcos apareciam na fronteira oriental, ou o rei da França, ou mesmo o próprio papa.

Cioso da crescente grandeza do imperador, contra ele faziam guerra; e, assim, entre a contenda e o tumulto das nações, a Reforma teve oportunidade de fortalecer-se e estender-se. Finalmente, entretanto, os soberanos católicos coagiram seus feudos a que fizessem causa comum contra os reformadores.

A Dieta de Espira, em 1526, dera a cada Estado ampla liberdade em matéria religiosa. Até à reunião de um concílio geral; mas, mal haviam passado os perigos que asseguraram aquela concessão, o imperador convocou uma segunda Dieta a se reunir em Espira, em 1529, com o fim de destruir a heresia. Os príncipes deveriam ser induzidos, por meios pacíficos, sendo possível, a se colocarem contra a Reforma.

Mas, se tais meios falhassem, Carlos estava preparado para recorrer à espada. Os romanistas estavam jubilosos. Compareceram em Espira em grande número, manifestando abertamente sua hostilidade para com os reformadores e todos os que os favoreciam. Disse Melâncton: "Nós somos o ódio e a escória do mundo.

Mas, Cristo olhará para o Seu pobre povo e o preservará." (D"Aubigné) Aos príncipes evangélicos que assistiam à Dieta foi até proibido que se pregasse o evangelho em sua residência. Mas o povo de Espira tinha sede da Palavra de Deus e, apesar da proibição, milhares se congregavam para os cultos realizados na capela do eleitor da Saxônia.

Isso apressou a crise. Uma mensagem imperial anunciou à Dieta que, como a resolução que concedia liberdade de consciência havia dado origem a grandes desordens, o imperador exigia fosse ela anulada. Este ato arbitrário excitou a indignação e alarma dos cristãos evangélicos. Disse um deles: "Cristo caiu de novo às mãos de Caifás e Pilatos.

"Os romanistas tornaram-se mais violentos. Um católico romano, fanático, declarou: "Os turcos são melhores que os luteranos; pois eles observam dias de jejum, e os luteranos os violam. Se tivéssemos de escolher entre as Escrituras Sagradas de Deus e os velhos erros da igreja.

deveríamos rejeitar as primeiras." Disse Melâncton: "Cada dia, em plena assembleia, Faber lança alguma nova pedra contra nós, os evangélicos." (D'Aubigné) A tolerância religiosa naquela ocasião foi legalmente estabelecida, e os Estados evangélicos estavam resolvidos a opor-se à violação de seus direitos.

A Lutero, ainda sob a condenação imposta pelo edito de Worms, não era permitido estar presente em Espira; mas lhe preencheram o lugar os seus cooperadores e os príncipes que Deus suscitara para defender Sua causa nessa emergência.

O nobre Frederico da Saxônia, protetor de Lutero, fora arrebatado pela morte; mas o duque João, seu irmão e sucessor, alegremente aceitara a Reforma e, conquanto fosse amigo da paz, manifestara grande energia e coragem em todos os assuntos relativos aos interesses da fé. Os padres pediam que os Estados que haviam aceito a Reforma, se submetessem implicitamente à jurisdição romana.

Os reformadores, por outro lado, reclamavam a liberdade que anteriormente lhes fora concedida. Não poderiam consentir em que Roma de novo pusesse sob seu domínio aqueles Estados que com grande alegria haviam recebido a Palavra de Deus. Como entendimento foi finalmente proposto que onde a Reforma não se houvesse estabelecido, o edito de Worms deveria ser rigorosamente posto em execução.

E que nos Estados "em que o povo dele se desviara e não poderia conformar-se com o mesmo sem perigo de revolta, não deveriam ao menos efetuar qualquer nova Reforma, não tocariam em nenhum ponto controvertido, não se oporiam à celebração da missa, não permitiriam que católico romano algum abraçasse o luteranismo". (D'Aubigné)

Essa medida foi aprovada na Dieta, com grande satisfação dos sacerdotes e prelados papais. Se esse edito fosse executado, "a Reforma não poderia nem estender-se, onde por enquanto era desconhecida, nem estabelecer-se sobre sólidos fundamentos... onde já existia". (D"Aubigné) A liberdade da palavra seria proibida. Não se permitiriam conversões.

E exigiu-se dos amigos da Reforma de pronto se submetessem a essas restrições e proibições. As esperanças do mundo pareciam a ponto de se extinguir. "O restabelecimento da hierarquia romana... infalivelmente traria de novo os antigos abusos"; e encontrar-se-ia facilmente uma ocasião para "completar a destruição de uma obra já tão violentamente abalada" pelo fanatismo e dissensão. (D'Aubigné)

Reunindo-se o partido evangélico para consulta, entreolharam-se os presentes, pálidos de terror. De um para outro circulava a pergunta: "Que se poderá fazer?" Graves lances em relação ao mundo eram iminentes. "Submeter-se-ão os chefes da Reforma, e aceitarão o edito? Quão facilmente, nessa crise, em verdade tremenda, poderiam os reformadores ter argumentado consigo mesmos de maneira errônea!

Quantos pretextos plausíveis e boas razões poderiam ter encontrado para a submissão! Aos príncipes luteranos era garantido o livre exercício de sua religião. O mesmo favor era estendido a todos os seus súditos que, anteriormente à aprovação daquela medida, haviam abraçado as ideias reformadas. Não deveria isto contentá-los? Quantos perigos não evitaria a submissão! Em quantos acasos e conflitos desconhecidos não haveria a oposição de lançá-los? Quem sabe que oportunidades poderá trazer o futuro? Abracemos a paz; agarremos o ramo de oliveira que Roma apresenta e curemos as feridas da Alemanha.

Com argumentos semelhantes a estes poderiam os reformadores ter justificado a adoção de uma conduta que, com certeza, em não muito tempo resultaria na total destruição de sua causa. "Felizmente consideraram o princípio sobre o qual aquele acordo se baseava, e agiram com fé. Qual era o princípio?

Era o direito de Roma coagir a consciência e proibir o livre exame. Mas não deveriam eles próprios e seus súditos protestantes gozar de liberdade religiosa? Sim, como um favor especialmente estipulado naquele acordo, mas não como um direito. Quanto a tudo que daquele acordo se exteriorizava, deveria governar o grande princípio da autoridade; a consciência estaria fora de seus domínios; Roma era juiz infalível e deveria ser obedecida.

A aceitação do acordo proposto teria sido admissão virtual de que liberdade religiosa se devesse limitar à Saxônia reformada; e, quanto ao resto todo da cristandade, o livre exame e a profissão da fé reformada seriam crimes, e deveriam ser castigados com a masmorra e a tortura. Poderiam eles consentir em localizar a liberdade religiosa? Admitir a proclamação de que a Reforma fizera seu último converso?

Que conquistara seu último palmo de terra? E que, onde quer que Roma exercesse seu domínio naquela hora, ali deveria perpetuar-se esse domínio? Poderiam os reformadores alegar que eram inocentes do sangue daquelas centenas e milhares que, em consequência desse acordo, teriam que perder a vida nas terras papais?

Isto seria trair, naquela hora suprema, a causa do evangelho e das liberdades da cristandade." - Wylie. Antes, sacrificariam eles "tudo, mesmo os domínios, a coroa e a vida". (D'Aubigné) "Rejeitemos esse decreto", disseram os príncipes. "Em assuntos de consciência, a maioria não tem poder."

Os delegados declararam:"É ao decreto de 1526 que devemos a paz que o império goza: sua abolição encheria a Alemanha de perturbações e divisão. A Dieta não tem competência para fazer mais do que preservar a liberdade religiosa até que o concílio se reúna."(D'Aubigné) Proteger a liberdade de consciência é dever do Estado, e isto é o limite de sua autoridade em matéria de religião.

Todo governo secular que tente legislar sobre observâncias religiosas, ou impô-las pela autoridade civil, está a sacrificar o próprio princípio pelo qual os cristãos evangélicos tão nobremente lutaram. Os católicos romanos decidiram-se a derrubar o que denominaram como "ousada obstinação". Começaram procurando ocasionar divisões entre os sustentáculos da Reforma.

E intimidar a todos os que não se haviam abertamente declarado em seu favor. Os representantes das cidades livres foram finalmente convocados perante a Dieta, e exigiu-se que concordassem aos termos da proposta. Pediram prazo, mas em vão. Quando levados à prova, quase a metade se declarou pela Reforma. Os que assim se recusaram a sacrificar a liberdade de consciência e do direito do juízo individual.

Bem sabiam que sua posição os assinalava para a crítica, a perseguição e condenação. Disse um dos delegados: "Devemos ou negar a Palavra de Deus, ou - ser queimados." (D'Aubigné) O rei Fernando, representante do imperador na Dieta, viu que o decreto determinaria sérias divisões a menos que os príncipes pudessem ser induzidos a aceitá-lo. E apoiá-lo. Experimentou, portanto, a arte da persuasão, bem sabendo que o emprego da força com tais homens unicamente os tornaria mais decididos. "Pediu aos príncipes que aceitassem o decreto, assegurando-lhes que o imperador grandemente se agradaria deles." Mas aqueles homens leais reconheciam uma autoridade acima da dos governantes terrestres.

E, responderam calmamente: "Obedeceremos ao imperador em tudo que possa contribuir para manter a paz e a honra de Deus." (D'Aubigné) Na presença da Dieta, o rei finalmente anunciou ao eleitor e a seus amigos que o edito "ia ser redigido na forma de um decreto imperial", e que "a única maneira de agir que lhes restava, seria submeter-se à maioria". Tendo assim falado, retirou-se da assembleia.

Não dando aos reformadores oportunidades para deliberar ou replicar. "Sem nenhum resultado enviaram uma delegação pedindo ao rei que voltasse." À sua representação respondeu somente:" É a questão foi decidida: a submissão é tudo o que resta." - (D'Aubigné) O partido imperial estava convicto de que os príncipes cristãos adeririam às Escrituras Sagradas como superiores às doutrinas e preceitos humanos.

E sabia que, onde quer que fosse aceito este princípio, o papado seria afinal vencido. Mas, semelhantes a milhares que tem havido desde esse tempo, apenas olhavam "para as coisas que se veem", lisonjeando-se de que a causa do imperador e do papa era forte, e a dos reformadores fraca. Houvessem os reformadores confiado unicamente no auxílio humano.

E teriam sido tão impotentes como os supunham os adeptos do papa. Mas, conquanto fracos em número e em desacordo com Roma, tinham a sua força. Apelaram "do relatório da Dieta para a Palavra de Deus, e do imperador Carlos para Jesus Cristo, Rei dos reis e Senhor dos senhores". - (D'Aubigné) Como Fernando se recusasse a tomar em consideração suas convicções de consciência, os príncipes se decidiram a não tomar em conta a sua ausência. Mas levar sem demora seu protesto perante o concílio nacional.

Foi, portanto, redigida e apresentada à Dieta esta solene declaração: "Protestamos pelos que se acham presentes, perante Deus nosso único Criador, Mantenedor, Redentor e Salvador, e que um dia será nosso Juiz, bem como perante todos os homens e todas as criaturas, que nós, por nós e pelo nosso povo, não concordamos de maneira alguma com o decreto proposto.

Nem aderimos ao mesmo em tudo que seja contrário a Deus, à Sua santa Palavra, ao nosso direito de consciência, à salvação de nossa alma." "Quê! Ratificarmos esse edito! Afirmaríamos que quando o Deus todo-poderoso chama um homem ao Seu conhecimento, esse homem, sem embargo, não possa receber o conhecimento de Deus?"

"Não há doutrina correta além da que se conforma com a Palavra divina...O Senhor proíbe o ensino de qualquer outra doutrina...As Sagradas Escrituras devem ser explicadas por outros textos mais claros; este santo Livro é, em todas as coisas necessárias ao cristão, fácil de compreender e destinado a dissipar as trevas.

Estamos resolvidos, com a graça de Deus, a manter a pregação pura e exclusiva de Sua santa Palavra, tal como se acha contida nos livros bíblicos do Antigo e Novo Testamentos, sem lhe acrescentar coisa alguma que lhe possa ser contrária. Esta Palavra é a única verdade; é a regra segura para toda doutrina e de toda a vida, e nunca pode falhar ou iludir-nos.

Aquele que edifica sobre este fundamento resistirá a todos os poderes do inferno. Ao passo que todas as vaidades humanas que se estabelecem contra ele cairão perante a face de Deus" "Por esta razão rejeitamos o jugo que nos é imposto."

"Ao mesmo tempo estamos na expectativa de que Sua Majestade imperial procederá em relação a nós como príncipe cristão que ama a Deus sobre todas as coisas; e declaramo-nos prontos a tributar-lhe, bem como a vós, graciosos fidalgos.

Toda a afeição e obediência que sejam nosso dever justo e legítimo."(D'Aubigné) A representação impressionou profundamente a Dieta. A maioria estava tomada de espanto e alarma ante a ousadia dos que protestavam. O futuro parecia-lhes tempestuoso e incerto. Dissensão, contenda, derramamento de sangue pareciam inevitáveis.

Os reformadores, porém, certos da justiça de sua causa e confiando no braço da Onipotência, estavam "cheios de coragem e firmeza". "Os princípios contidos nesse célebre protesto... constituem a própria essência do protestantismo. Ora, este protesto se opõe a dois abusos do homem em matéria de fé:

o primeiro é a intromissão do magistrado civil, e o segundo a autoridade arbitrária da igreja. Em lugar desses abusos, coloca o protestantismo o poder da consciência acima do magistrado, e a autoridade da Palavra de Deus sobre a igreja visível. Em primeiro lugar rejeita o poder civil em assuntos divinos, e diz com os profetas e apóstolos:

"Mais importa obedecer a Deus do que aos homens." Na presença da coroa de Carlos V, ele ergue a coroa de Jesus Cristo. Mas vai mais longe: firma o princípio de que todo o ensino humano deve subordinar-se aos oráculos de Deus." - D"Aubigné Os protestantes haviam, demais, afirmado seu direito de livremente proferir suas convicções sobre a verdade. Não haveriam de crer e obedecer somente.

Mas também ensinar o que a Palavra de Deus apresenta, e negavam ao padre ou magistrado, o direito de intervir. O protesto de Espira foi um testemunho solene contra a intolerância religiosa, e uma afirmação do direito de todos os homens de adorarem a Deus segundo os ditames de sua própria consciência. A declaração tinha sido feita. Estava escrita na memória de milhares e registrada nos livros do Céu.

Onde nenhum esforço humano poderia apagá-la. Toda a Alemanha evangélica adotou o protesto como a expressão de sua fé. Por toda parte contemplavam os homens nesta declaração a promessa de uma era nova e melhor. Disse um dos príncipes aos protestantes de Espira: "Queira o Todo-poderoso que vos deu graça para confessá-lo enérgica.

Livre e destemidamente, preservar-vos nessa firmeza cristã até ao dia da eternidade." (D'Aubigné) Houvesse a Reforma, depois de atingir certo grau de êxito, consentido em contemporizar a fim de conseguir favor do mundo, e teria sido infiel para com Deus e para consigo mesma, além de assegurar a sua própria destruição. A experiência desses nobres reformadores contém uma lição para todas as eras subsequentes.

A maneira de agir de Satanás, contra Deus e Sua Palavra, não mudou. Ele ainda se opõe a que sejam as Escrituras adotadas como guia da vida, tanto quanto o fez no século XVI. Há em nosso tempo um vasto afastamento das doutrinas e preceitos bíblicos. E há necessidade de uma volta ao grande princípio protestante - a Bíblia, e a Bíblia só, como regra de fé e prática. Satanás ainda está a trabalhar com todos os meios de que pode dispor, a fim de destruir a liberdade religiosa. O poder anticristão que os protestantes de Espira rejeitaram, está hoje com renovado vigor procurando restabelecer sua perdida supremacia.

A mesma inseparável adesão à Palavra de Deus que se manifestou na crise da Reforma, é a única esperança de reforma hoje. Apareceram então sinais de perigo para os protestantes. Houve também sinais de que a mão divina estava estendida para proteger os fiéis. Foi por esse mesmo tempo que "Melâncton apressadamente conduziu pelas ruas de Espira, em direção ao Reno, seu amigo Simão Grynaeus, instando com ele a que atravessasse o rio. Grynaeus se achava espantado com tal precipitação.

"Um ancião, de fisionomia grave e solene, mas que me era desconhecido", disse Melâncton, "apareceu perante mim e disse: Dentro de um minuto, oficiais de justiça serão enviados por Fernando, a fim de prenderem Grynaeus."Durante o dia Grynaeus ficara escandalizado com um sermão de Faber, um dos principais doutores papais; e, no final, protestou por defender aqueles "certos erros detestáveis".

"Faber cinicamente dissimulou sua ira, mas imediatamente se dirigiu ao rei, de quem obteve uma ordem contra o importuno professor de Heidelberg. Melâncton não duvidou de que Deus havia salvo seu amigo, enviando um de Seus santos anjos para avisá-lo. "Imóvel à margem do Reno, esperou até que as águas daquele rio houvessem libertado Grynaeus de seus perseguidores.

"Finalmente", exclamou Melâncton, vendo-o do lado oposto, "finalmente está ele arrancado das garras cruéis daqueles que têm sede de sangue inocente." Ao voltar para casa, foi Melâncton informado de que oficiais, à procura de Grynaeus, a haviam remexido de alto a baixo." - D"Aubigné - A reforma devia ser levada a maior preeminência perante as autoridades da Terra. O rei Fernando havia-se negado a ouvir os príncipes evangélicos.

Mas a estes deveria ser concedida oportunidade de apresentar sua causa na presença do imperador e dos dignitários da Igreja e do Estado, em assembleia. A fim de acalmar as dissensões que perturbavam o império, Carlos V, no ano que se seguiu ao protesto de Espira, convocou uma Dieta em Augsburgo.

Anunciando sua intenção de presidir a ela em pessoa. Para ali foram convocados os dirigentes protestantes. Grandes perigos ameaçavam a Reforma; mas seus defensores ainda confiavam sua causa a Deus e se comprometiam a ser leais ao evangelho. Os conselheiros do eleitor da Saxônia insistiram com ele para que não comparecesse à Dieta. O imperador, diziam eles, exigia a assistência dos príncipes a fim de atraí-los a uma cilada.

"Não é arriscar tudo, ir e encerrar-se alguém dentro dos muros de uma cidade, com um poderoso inimigo?" Outros, porém, nobremente declaravam: "Portem-se tão-somente os príncipes com coragem, e a causa de Deus está salva." "Deus é fiel; Ele não nos abandonará", disse Lutero. (D'Aubigné) O eleitor, juntamente com seu séquito, partiu para Augsburgo. Todos estavam cientes dos perigos que o ameaçavam.

E muitos seguiram com semblante triste e coração perturbado. Mas Lutero, que os acompanhou até Coburgo, reviveu-lhes a fé bruxuleante cantando o hino, escrito naquela viagem: "Castelo forte é nosso Deus." Ao som dos acordes inspirados, foram banidos muitos aflitivos sinais e aliviados muitos corações sobrecarregados. Os príncipes reformados resolveram redigir uma declaração sistematizada de suas opiniões, com as provas das Escrituras, apresentando-a à Dieta; e a tarefa da preparação da mesma foi confiada a Lutero, Melâncton e seus companheiros. Esta Confissão foi aceita pelos protestantes como uma exposição de sua fé, e reuniram-se para assinar o importante documento.

Foi um tempo solene e probante. Os reformadores mostravam insistência em que sua causa não fosse confundida com questões políticas; compreendiam que a Reforma não deveria exercer outra influência além da que procede da Palavra de Deus. Ao virem para a frente os príncipes cristãos a fim de assinar a Confissão, Melâncton se interpôs, dizendo:

"Compete aos teólogos e ministros propor estas coisas; reservemos para outros assuntos a autoridade dos poderosos da Terra." "Deus não permita", replicou João da Saxônia, "que me excluais. Estou resolvido a fazer o que é reto sem me perturbar acerca de minha coroa. Desejo confessar o Senhor. Meu chapéu de eleitor e meus títulos de nobreza não são para mim tão preciosos como a cruz de Jesus Cristo."

Tendo assim falado assinou o nome. Disse outro dos príncipes, ao tomar a pena: "Se a honra de meu Senhor Jesus Cristo o exige, estou pronto... para deixar meus bens e vida." "Renunciaria de preferência a meus súditos e a meus domínios, deixaria de preferência o país de meus pais, com o bordão na mão", continuou ele, "a receber qualquer outra doutrina que não a que se contém nesta Confissão." - (D'Aubigné)

Tal era a fé e a ousadia daqueles homens de Deus. Chegou o tempo designado para comparecer perante o imperador. Carlos V, sentado no trono, rodeado de seus eleitores e príncipes, deu audiência aos reformadores protestantes. Foi lida a Confissão de sua fé. Naquela augusta assembleia, as verdades do evangelho foram claramente apresentadas. E indicados os erros da igreja papal. Com razão foi aquele dia declarado "o maior dia da Reforma, e um dos mais gloriosos na história do cristianismo e da humanidade"(D'Aubigné)

Entretanto, poucos anos se haviam passado desde que o monge de Wittenberg estivera em Worms, sozinho, perante o conselho nacional. Agora, em seu lugar estavam os mais nobres e poderosos príncipes do império. A Lutero lhe foi proibido comparecer em Augsburgo, mais estivera presente por suas palavras e orações"Estou jubilosíssimo", escreveu, "de que eu tenha vivido até esta hora, na qual Cristo é publicamente exaltado por tão ilustres pessoas que O confessam, numa assembleia tão gloriosa." (D'Aubigné)

Então se cumpriu-se o que dizem as Escrituras: "Falarei dos Teus testemunhos perante os reis." (Sal. 119:46) Ainda nos dias do apóstolo Paulo, o evangelho pelo qual estava preso foi assim levado perante os príncipes e nobres da cidade imperial. Igualmente, nesta ocasião, aquilo que o imperador proibira fosse pregado do púlpito, era proclamado em palácio; aquilo que muitos tinham considerado inconveniente que os próprios servos ouvissem.

Era com admiração ouvido pelos senhores e fidalgos do império. Reis e grandes homens constituíam o auditório; príncipes coroados eram os pregadores; e o sermão era a régia verdade de Deus. "Desde a era apostólica", diz um escritor, "nunca houve obra maior nem mais magnificente Confissão." (D'Aubigné) "Tudo quanto os luteranos disseram é verdade; não o podemos negar", declarou um bispo romano.

"Podeis refutar por meio de sãs razões a Confissão feita pelo eleitor e seus aliados?"Llhe perguntou outro, ao Dr. Eck. "Com os escritos dos apóstolos e profetas, não!" Foi a resposta; "mas com os dos pais da igreja e dos concílios, sim!" "Compreendo", respondeu o inquiridor. "Os luteranos, segundo vós o dizeis, estão com as Escrituras, e nós nos achamos fora delas." (D'Aubigné)

Alguns dos príncipes da Alemanha foram ganhos para a fé reformada. O próprio imperador declarou que os artigos protestantes não eram senão a verdade. A Confissão foi traduzida para muitas línguas, e circulou por toda a Europa; e tem sido, em sucessivas gerações, aceita por milhões como a expressão de sua fé. Os fiéis servos de Deus não estavam labutando sós.

Enquanto "principados", "potestades" e "hostes espirituais da maldade nos lugares celestiais" se coligavam contra eles, o Senhor não Se esquecia de Seu povo. Se pudessem seus olhos abrir-se, teriam visto uma prova da presença e auxílio divinos, tão assinalada como fora concedida aos profetas de outrora. Quando o servo de Eliseu mostrou a seu senhor o exército hostil que os cercava, excluindo toda possibilidade de escape, o profeta orou:

"Senhor, peço-te que lhe abras os olhos para que veja." (II Reis 6:17) E eis que a montanha estava cheia de carros e cavalos de fogo, o exército do Céu estacionado para proteger o homem de Deus. Desta maneira guardaram os anjos os obreiros na causa da Reforma. Um dos princípios mais firmemente mantidos por Lutero era que não deveria haver recurso ao poder secular em apoio da Reforma.

E, tampouco, apelo às armas para a sua defesa. Regozijava-se de que o evangelho fosse professado por príncipes do império; mas, quando se propusera unir-se em uma liga defensiva, declarou que "a doutrina do evangelho seria defendida por Deus somente. ... Quanto menos o homem se entremetesse na obra, mais surpreendente seria a intervenção de Deus em prol da mesma. Todas as precauções políticas sugeridas eram, em sua opinião, atribuíveis ao temor indigno e à pecaminosa desconfiança". (D'Aubigné)

Quando poderosos adversários se estavam unindo para destruir a fé reformada, e milhares de espadas pareciam prestes a desembainhar-se contra ela, Lutero escreveu: "Satanás está exercendo a sua fúria; ímpios pontífices estão conspirando; e nós somos ameaçados de guerra. Exortai o povo a contender valorosamente perante o trono do Senhor, pela fé e oração, de modo que nossos inimigos, vencidos pelo Espírito de Deus, possam ser constrangidos. Nossa principal necessidade, nosso trabalho principal, é a oração.

Saiba o povo que, no momento, se encontra exposto ao gume da espada e à cólera de Satanás, e ore." - (D"Aubigné) Novamente, em data posterior, referindo-se à aliança sugerida pelos príncipes reformados, Lutero declarou que a única arma empregada nesta luta deveria ser "a espada do Espírito". Escreveu ao eleitor da Saxônia:

"Não podemos perante nossa consciência aprovar a aliança proposta. Morreríamos dez vezes de preferência a ver nosso evangelho fazer derramar uma gota de sangue. Nossa parte é sermos semelhantes a cordeiros no matadouro. Temos de tomar a cruz de Cristo. Seja Vossa Alteza sem temor. Faremos mais com as nossas orações do que todos os nossos inimigos com sua jactância.

Tão-somente não sejam vossas mãos manchadas com o sangue de irmãos. Se o imperador exigir que sejamos entregues aos seus tribunais, estamos prontos a comparecer. Não podeis defender a nossa fé: cada um deve crer com seu próprio risco e perigo." (D'Aubigné) Do local secreto da oração proveio o poder que abalou o mundo na grande Reforma. Ali, com santa calma, os servos do Senhor colocaram os pés sobre a rocha de suas promessas. Durante a luta em Augsburgo, Lutero "não passou um dia sem dedicar três horas pelo menos à oração, e eram horas escolhidas dentre as mais favoráveis ao estudo".

Na intimidade de sua recâmara era ele ouvido a derramar sua alma perante Deus em palavras "cheias de adoração, temor e esperança, como quando alguém fala a um amigo". "Eu sei que Tu és nosso Pai e nosso Deus", dizia ele, "e que dispersarás os perseguidores de Teus filhos; pois Tu mesmo corres perigo conosco. Toda esta causa é tua, e é unicamente constrangidos, por Ti, que lançamos mãos à mesma. Defende-nos, pois, ó Pai!" (D'Aubigné) A Melâncton, que se achava aniquilado sob o peso da ansiedade e temor, ele escreveu:

"Graça e paz em Cristo - em Cristo, digo eu, e não no mundo. Amém. Odeio com ódio enorme esses extremos cuidados que vos consomem. Se a causa é injusta, abandonai-a; se a causa é justa, porque desmentiríamos as promessas daquele que nos manda dormir sem temor?... Cristo não faltará à obra de justiça e verdade. Ele vive, Ele reina; que temor, pois, poderemos ter?" - (D'Aubigné) Deus ouviu os clamores de seus servos.

Deu aos príncipes e ministros graça e coragem para manterem a verdade contra os dominadores das trevas deste mundo. Diz o Senhor: "Eis que ponho em Sião a pedra principal da esquina, eleita e preciosa; e quem nela crer não será confundido."(I Pedro 2:6) Os reformadores protestantes haviam edificado sobre Cristo, e as portas do inferno não prevaleceriam contra eles"

A vitória do cristianismo foi confirmada e a liberdade religiosa garantida, porém, com a chegada da modernidade religiosa os inimigos atuais da igreja saem de seu próprio meio, pois trata-se do joio que causa escândalos e mancham a sua missão evangelizadora, confiada por seu fundador, Jesus Cristo. O número de falsos cristãos que vivem disfarçados de "santos", encobertos com peles de ovelhas para enganar os incautos, é imenso.

São os filhos das trevas, o joio, erva maldita espalhada no campo, os inimigos do evangelho que fingem defender a causa da regeneração da alma humana, mas não passam de discípulos de Satanás, contribuindo para que o mal ganhe mais espaço neste mundo. Hoje, pessoas que deveriam nos dar um bom exemplo moral, desafiando o poder celestial, praticando os mesmos atos de imoralidades que os chamados "descrentes" fazem.

Os antigos defensores da liberdade religiosa que surgiram no período da reforma protestante, agora são eles mesmos a lançar sobre a bandeira cristã a lamacenta mancha da promiscuidade. Atualmente, poucos ainda dão crédito ao ensino das Escrituras Sagradas, isto se dá porque o nome de Deus virou meios de gerar renda e o sacrifício de Cristo na cruz uma maneira fácil de enriquecer sem muitos esforços.

A corrupção da igreja se tornou um dos mais audaciosos projetos do inimigo da cruz, que percebeu ser capaz de alcançar seus objetivos de destruir esta agência dos céus, infiltrando a semente da maldade dentro dela, de maneira silenciosa e quase imperceptível, através do mundanismo, contagiando seus membros.

Espalhando um veneno mortal nas almas desapercebidas, até que em um ímpeto se manifestassem seus verdadeiros propósitos de enfraquecer a fé dos cristãos e, finalmente, dominar as religiões, fazendo delas canais de maldição para o homem e não de salvação, conduzindo milhares para o abismo, lugar onde habitarão todos quanto se esquecem de Deus.

1.4 Avareza

A avareza é o sinônimo de ambição. Todo avarento vive buscando riquezas a qualquer custo e estão dispostos a tudo para obtê-la, até mesmo chegar as últimas consequências de seus atos. A exemplo disso, podemos destacar os atuais líderes das igrejas evangélicas que enriquecem as custas dos fiéis, acumulando bens e alto prestígio, usando para isso o nome de Deus.

Uma das principais condições exigidas pelo Senhor para com seu povo é que um rei ou sacerdote evitassem acumular posses materiais e mulheres. "Porás certamente sobre ti como rei aquele que escolher o Senhor teu Deus; dentre teus irmãos porás rei sobre ti; não poderás pôr homem estranho sobre ti, que não seja de teus irmãos.

Porém ele não multiplicará para si cavalos, nem fará voltar o povo ao Egito para multiplicar cavalos; pois o Senhor vos tem dito: Nunca mais voltareis por este caminho. Tampouco para si multiplicará mulheres, para que o seu coração não se desvie; nem prata nem ouro multiplicará muito para si. (Deuteronômio 17:15-17)

Porém, não é isto que com efeito se tem visto acontecer entre os pastores das diversas religiões criadas no mundo, com a desculpa de anunciar as Boas Novas de salvação. Na verdade, tudo o que fazem é apenas agirem com avareza, enchendo suas contas bancárias com milhões adquiridos com a doutrina dizimista.

Que convence os incautos a acreditar que ainda se deve seguir os costumes dos antigos judeus que precisavam sustentar os sacerdotes do templo para adquirirem, através disso, as bênçãos de Deus (Malaquias 3:10-12) Certamente, naquele tempo, que antecedeu a vinda de Cristo a este mundo, as bênçãos do Senhor eram dadas aos israelitas mediante a observância da lei.

Ou seja, pela obediência ao cumprimento de seus estatutos, inclusive na prática do dízimo. Porém, depois que se passaram os quatrocentos anos do silêncio de Deus e este enviou seu Unigênito para sacrificar-se no Calvário e nos dar liberdade do pecado e da morte, tudo o que ficou para trás deixou de existir para aqueles que fizerem parte da Nova Aliança.

"Assim que, se alguém está em Cristo, nova criatura é. As coisas velhas já passaram, eis que tudo se fez novo. (2Coríntios 5:17) Se as Escrituras afirmam que agora vivemos em novidade de vida, então não somos mais obrigados a cumprir os ditames da Lei nem seguir os costumes passados, e sim vivermos em completa liberdade, sendo abençoados pela fé.

E não pelas obras. "Sabendo que o homem não é justificado pelas obras da lei, mas pela fé em Jesus Cristo, temos também crido em Jesus Cristo, para sermos justificados pela fé em Cristo, e não pelas obras da lei; porquanto pelas obras da lei nenhuma carne será justificada (Gálatas 2:16) Desta maneira, fica claro que a doutrina ensinada pelos guias espirituais das igrejas modernas está errada.

E não passa de um meio para forçar seus seguidores a lhes dar o que possuem e, assim, enriquecê-los. A avareza destes homens foi antecipadamente anunciada pelos apóstolos ainda no início do cristianismo, alertando os cristãos a este respeito. "E por avareza farão de vós negócio com palavras fingidas; sobre os quais já de largo tempo não será tardia a sentença. E a sua perdição não dormita.(2 Pedro 2:3)

O mais interessante de se perceber, é que os mesmos que ensinam a Palavra de Deus aos cativos do pecado, prometendo-lhes salvação, não farão parte dela no último dia, pois seus nomes não constarão no Livro da Vida do Cordeiro. "E não entrará nela coisa alguma que contamine.

E cometa abominação e mentira; mas só os que estão inscritos no livro da vida do Cordeiro" (Apocalipse 21:27) e os filhos do mal não farão parte daqueles que herdarão o paraíso de Deus.

1.5 Impurezas

Paulo é considerado no decorrer dos séculos como o maior apóstolo do Novo Testamento, não apenas pelas religiões evangélicas, mas por todas aquelas que professam o nome de Cristo e pregam seu evangelho. Isto se dá pelo fato dele ter sido usado poderosamente pelo Espírito Santo na expansão do evangelho pela Ásia e alcançado os gentios, assim chamados todos aqueles que não eram judeus, possibilitando que a oportunidade de salvação alcançasse o restante do mundo e chegasse até nós.

E foi ele quem descreveu em sua carta enviada a igreja da Galácia, as características daqueles que vivem escravizados ao pecado e não são dignos de serem chamados filhos de Deus: "Digo, porém: Andai em Espírito e não cumprirei as paixões da carne, pois a carne luta contra o Espírito e ele contra carne, e um opõem-se um contra o outro para que o homem não faça o que quer fazer. Porque as obras da carne são conhecidas, as quais são:

Prostituição, impureza, lascívia idolatria, feitiçarias, inimizades, porfias, emulações, iras, pelejas, dissensões, heresias, invejas, homicídios, bebedores, glutonarias e coisas semelhantes a estas, acerca das quais vos declaro, como antes já voa disse que os tais praticantes não herdarão o reino de Deus" (Gálatas 5:16-21)O mundo em que vivemos hoje está completamente dominado por todo tipo de imoralidades que podemos imaginar. E não se limita apenas àqueles que vivem descompromissados com Deus.

Mas também nas igrejas e meio aos mais altos representantes do cristianismo é possível encontrar quem pratique atos vergonhosos. Tais que, sem o menor temor "manchem" todo o trabalho de evangelismo que os verdadeiros cristãos ainda fazem nesta terra.

Totalmente encoberta pelas trevas do mal e vive clamando pela justiça divina contra o homem que a destrói. Entre tantos outros grandes pecados que tem causado a escuridão espiritual da humanidade, podemos citar a imoralidade em todas as suas formas presentes na sociedade da qual somos participantes.

Que pode ser vista como a mais poderosa arma de destruição usada por Satanás nestes últimos dias, conseguindo destruir até aqueles que um dia foram importantes combatentes do mal. A seguir veremos algumas de suas características e efeitos destruidores na vida de quem cede a seus apelos.

1.6 Homossexualismo

A história das civilizações nos fala dos costumes vividos pelo antigo Império Romano e da tradição dos imperadores em possuir a sua disposição eunucos, homens castrados e sem desejo sexual para com as mulheres, a fim de lhes satisfazer os desejos imorais. Era costume deles levarem para seus aposentos estes indivíduos e com eles praticarem atos homossexuais.

Algo considerado natural na cultura romana. Nero, que ficou conhecido por sua loucura que o levou a incendiar Roma, foi um dos maiores praticantes destes costumes, um gay assumido e defensor da causa em que dois homens podem conviver juntos sexualmente. A ideologia romana se estendeu por toda sociedade, que passaram a agir de forma semelhante.

E os casos de quem optava em se relacionar intimamente com pessoas do mesmo sexo eram costumeiros. E este costume vergonhoso alcançou as bases da igreja católica, originada a partir do romanismo, onde seus sacerdotes vieram, em sua grande maioria, das classes imperiais, como Constantino, que se converteu ao Cristianismo e assumiu o poder da igreja em 325 d.C e deu continuidade ao homossexualismo entre os cardeias.

Em 1073 Gregório VII criou o Celibato, que proibia o matrimônio para os sacerdotes, o que causou a desistência de muitos daqueles que eram héteros, aumentando a disposição de jovens homos em procurar os mosteiros. Ainda hoje, a maioria dos rapazes que se dedicam a estudar Teologia nos seminários católicos são gays e efeminados. Agora, nos perguntamos:

Como uma religião que foi criada a partir do Império Romano, onde seus costumes imorais eram constantes, pode se considerar cristã e se auto denominar filhos de Deus, quando ainda praticam a idolatria e foram os autores diretos da morte de Cristo na cruz, e de seus apóstolos? O homossexualismo romano, que era um tipo de "lazer" diário para seus imperadores, perdura até hoje em seus Clero.

Praticado por seus sacerdotes e quase sempre noticiado pela mídia. Recentemente o atual Papa puniu Bispos que sempre fizer vistas grossas para os casos de pedofilia entre os padres e crianças de todas as idades em seus templos, sem que tivessem tomado qualquer atitude a respeito. Sabemos que o romanísmo veio do paganismo e permanece nele. Pois vivem distante de Deus e de sua Palavra, afinal, trocaram a verdade do Senhor em mentiras e enganos, para ocultar a verdadeira tendência que sempre tiveram em amar o pecado e suas paixões.

Temos uma sociedade que se diz cristã, praticante e defensora de atos imorais, concorda plenamente que nossos jovens e adolescentes se inflamem sexualmente, garotos e garotas mantenham relações sexuais com outros do mesmo sexo. Enquanto os adultos aplaudem esta imoralidade, como se o homossexualismo fosse algo natural, um ato permissivo por Deus e sem qualquer aparente condenação...Onde iremos chegar nestas condições morais? O mais alarmante é ver os pais "modernos" parecer gostar de ver seus filhos e filhas nesta decadência moral.

Apoiando, descaradamente, suas práticas vergonhosas e ainda julgam preconceito as críticas feitas por pessoas de bem, que condenam estas coisas. Independentemente do que possa pensar a sociedade a respeito deste assunto, o importante é aquilo que dizem as Escrituras. E a visão do Senhor em relação a tais costumes, e ele considera abominável a união íntima entre pessoas do mesmo sexo, sua posição sobre isto é:

"Com homem não te deitarás como se fosse uma mulher, pois é algo abominável"(Levítico 18:22) E Paulo em sua Epístola escrita a igreja cristã em Roma, disse: "E porque mudaram a glória do Deus incorruptível semelhança da imagem de homens corruptíveis, de aves, quadrúpedes e de répteis. Pelo que também Deus os entregou aos desejos profanos de seus corações.

A imundície de seus pensamentos, para desonrarem seus corpos entre si...Pelo que foram entregues às paixões infames, pois até as mulheres trocaram seus atos naturais para fazer contrário a natureza. E, semelhantemente, os homens, deixando o uso natural da mulher, inflamaram-se em sensualidade uns para com os outros, homem com homem.

Cometendo loucura e recebendo em si mesmos a recompensa que convinha a seus erros (Romanos:1:23-27) A Indonésia é um país cujas leis são bastante rígidas quanto aos costumes morais, ali o homossexualismo é visto como um crime merecedor da pena de morte. Se dois homens ou duas mulheres foram pegos nesta prática serão ambos enforcados.

E o mais interessante é o fato de que lá a religião predominante não é o cristianismo, no entanto são zelosos por suas tradições aos seus deuses e pela rigidez de suas leis. Aqui no Brasil, em controvérsia, este ato vergonhoso é visto com bons olhos pela sociedade e apoiados por nossas autoridades, igualmente corrompidas. Para a grande maioria das pessoas, de forma global, as relações homossexuais são aceitas com naturalidade.

E com a criação de leis que defendem tais abominações a situação ficou cada vez pior, porque hoje existem políticos que representam esta classe e que criam emendas constitucionais que viabilizam esta prática satânica em nosso país. Obrigando o cidadão de bem conviver com estes delinquentes morais, praticando suas abusivas indecências publicamente, diante de nossas vistas, sem nada possamos fazer a respeito.

A juventude que agora se forma e representam o futuro desta nação precisa urgentemente voltar a ser conhecedora dos princípios divinos, sobre moralidade e santificação, as bases de uma aproximação real com Deus. Não adianta apenas conduzi-los aos cultos nos templos, é extremamente necessário mostrar a eles as verdades espirituais esquecidas. Que já não se ensina mais nas nossas igrejas. Talvez assim consigamos uma futura geração de homens e mulheres cristãos, mais compromissados com a vontade deste Deus santo.

E sua Palavra, separados das imundícies deste mundo sujo pela lama da maldade que domina o coração humano, pelo prazer imundo que causa esta cegueira incurável. O conceito popular sobre o homossexualismo é que esta condição humana é algo natural e que a sociedade como um todo deve aceitá-la sem qualquer repulsa.

Afirmam que ter filhos atraídos por outros jovens do mesmo sexo não pode ser visto como algo vergonhoso ou repugnante, visto que o importante é viver o "amor" sem preconceitos, como se rejeitar as manifestações das trevas fosse agir com injustiça. A ciência diz que estes sintomas inversos na sexualidade de meninos e meninas são consequências naturais, resultantes da existência de cromossomos iguais em ambos os sexos, o que pode acentuar as características femininas em homens e masculinas em mulheres.

Já a Bíblia afirma ser uma maldição de Deus sobre uma humanidade rebelada e indisposta a adorá-lo como o Senhor de toda a terra (Romanos 1: 26,27)A verdade é que esta situação leva o homem, de imagem e semelhança do Deus que o criou, a uma cópia autêntica das trevas. Imaginar a intimidade de duas pessoas do mesmo sexo, para quem ainda possui o mínimo de pudor, é repugnante e assombroso. "A homossexualidade é uma característica de quem sente atração física.

Emocional e espiritual por outras pessoas do mesmo sexo. "O termo homossexual foi criado por um jornalista austro-húngaro chamado Karl-Maria Kertbeny em 1868, acredita-se que desde a antiguidade já existiam pessoas com tal característica. Em 1970, os psiquiatras afirmavam que a homossexualidade era uma doença mental causada por processos fisiológicos.

Por desvios da orientação sexual e ainda por má formação e identificação sexual. Porém, no ano de 1993, o termo foi mundialmente retirado da lista de doenças mentais, já que não haviam provas que confirmassem a veracidade do pronunciamento afirmado anteriormente pelas autoridades médicas e científicas, então foi declarado que a homossexualidade era uma forma "natural" de desenvolvimento sexual.

Na atualidade há vários estudos biológicos e psicológicos que buscam respostas acerca da origem da homossexualidade. Ainda não há respostas definitivas para tais, mas o doutor Dean Hamer, geneticista e diretor de uma unidade de estrutura e regulação genética situada nos Estados Unidos, defende a existência de um gene.

Responsável pela característica homossexual, para esse, deu o nome de Gay1. Foi bem recebido e celebrado por alguns cientistas e criticado por outros. O Conselho Federal de Psicologia estabeleceu normas para os profissionais desta área, esses devem esclarecer que a homossexualidade não é doença psicológica.

Mas, se porventura o homossexual apresentar algum desgaste ou distúrbio psicológico por não aceitar sua condição ou por não aguentar o preconceito, esse deve ser tratado e orientado com a finalidade de aceitar-se da forma como é, bem como buscar maneiras de viver de forma positiva mesmo em face ao preconceito. Existem em nosso dias inúmeras manifestações acerca da homossexualidade.

Mas ainda não é possível estabelecer uma "causa" precisa para esta condição, pois não há nenhuma comprovação científica para tal característica". Como se vê a ciência e a medicina, mostrando-se cética quanto a existência de um Deus acima de seus conhecimentos.

E por não querer admitir que foi incapaz de achar uma explicação lógica para um dos piores males do século. Cedeu e achou por bem afirmar que o homossexualismo não é uma doença e que deve ser aceita pela sociedade, também cega pelo pecado do qual não tem sido capaz de se libertar, como algo natural do ser humano e de seu desenvolvimento sexual. Ou seja, de acordo com este raciocínio, algum dia no futuro toda a humanidade vai se formada de gays e lésbicas.

Porém, todo aquele que é conhecedor de Deus e crente na sua santa Palavra, sabe que o feminismo nos homens e o machismo que se manifesta nas mulheres nestes últimos dias é fruto da rebelião destes para com seu Criador. O homossexualismo deve ser visto, nestes tempos do derramamento da ira divina, como algo semelhante as pragas lançadas pelo Senhor no Egito.

Quando Faraó endureceu o coração e se negou a adorá-lo. Vivemos num Egito espiritual moderno, onde o homem se sente alto suficiente ao ponto de não querer mais ser dependente daquele que o criou. Na verdade, sequer está disposto a admitir a sua existência e se diz dono da vida e da morte. E, para mostrar a intensidade de seu poder, o Senhor derrama suas taças de maldições (Apocalipse 16:1-21)

E surgem nos habitantes deste mundo pecaminoso todo tipo de pestilências, que vão da AIDS a todo tipo de vírus que tem se espalhado ao redor da terra e destruído terça parte de seus moradores. O homem foi criado para ser a semelhança de Deus, é como se fosse uma fotografia que tiramos e nela podemos nos observar e ver nossa forma física, mesmo que ela não possua todas as nossas as potencialidades.

Como meros humanos que somos, não possuímos os mesmos poderes de quem nos deu o dom de viver, mas fomos criados para mostrar ao mundo como ele é em espírito. Agora, imagine um Deus efeminado, rebolando por aí e com seios, vestido de mulher e agindo como uma coisa vergonhosa? Só de imaginar isso minha alma fica arrepiada de pavor.

Pois do Senhor não se deve sequer pensar tal coisa. Não, querido leitor, nós não fomos criados para esse fim degradante. Pouco importa se um cientista ou um médico, por descrer nas verdades divinas descritas na Bíblia Sagrada, afirme ser esta condição humana natural, o homossexualismo é o pior estágio da vida humana.

É inaceitável para todos aqueles que amam e temem a Deus, pois ele mesmo declara em sua Palavra que os abomináveis e impuros não entrarão no seu Reino **(Apocalipse 21:8)**

1.7 Sexo Livre

O pecado da prostituição já entrou em nossas igrejas pelas portas, disfarçado de "modernidade". Hoje, não é mais possível ver como antes jovens que se mantinham puros e separados para servir a Deus, estão todos dominados pelos costumes mundanos e praticam as escondidas os mesmos atos obscenos que os descrentes, pensando-se está imperceptível aos olhos daquele que tudo vê.

As moças evangélicas desta nova geração se prostituem logo cedo, lançam fora a virgindade, alegando que essa de se manter virgem até o casamento é coisa do passado, namoram com qualquer um, seja da igreja ou do mundo pagão, engravidam, tornam-se mães solteiras, são verdadeiras prostitutas aos olhos do Altíssimo, que as amaldiçoa.

E, quando finalmente buscam casarem-se, são infelizes em seus matrimônios. Pois receberam como herança as mesmas maldições que Deus reserva para aqueles que vivem na escravidão do pecado. Muitos conceitos já foram criados para definir a sexualidade, cada qual com uma ideologia diferente, porém com os mesmos objetivos, que é concordar com a ideia de que o sexo livre é necessário.

Aceitável e deve ser permitido pela religiões por fazer parte do desenvolvimento físico e psicológico de nossos jovens, considerando o fato de que sexo é saúde, Realmente, a sexualidade deve ser mesmo vista nestes termos, pois ela faz parte da vida humana e extremamente necessária para que esta se multiplique, mas é preciso saber o momento certo para usá-la, com responsabilidade.

E a maturidade adequada para evitar resultados drásticos, tanto a si mesmo como para a nova vida que será formada a partir deste ato. A juventude cristã de antigamente era orientada por seus guias espirituais a ficar longe dos costumes mundanos, como exigiu Deus de seu povo, quando tinham acabado de sair do cativeiro egípcio. "Não fareis segundo as obras da terra do Egito. Em habitastes, nem fareis segundo as obras da terra de Canaã, para qual eu vos levo, nem andareis segundo os seus costumes.

Fareis segundo os meus juízos e os meus estatutos guardareis, para andardes neles, Eu sou o Senhor, o vosso Deus". Isto fez para que não se contaminassem com aquelas práticas imorais e abomináveis dos cananeus. E este será sempre seu propósito para com seus filhos. Mas com a chegada do moderno evangelho, que tornou Cristo mais compreensivo e disposto a perdoar todo e qualquer pecado, foram retidas as imposições e dado liberdade para que todos, cristãos e céticos, pudessem conviver juntos e compartilhar as mesmas experiências.

O que acabou por levar para dentro da igreja os costumes imorais que hoje podemos presenciar. No intuito de agregar cada vez mais pessoas em seus templos e aumentar a coleta de ofertas e dízimos, pastores corruptos deixaram de doutrinar os fiéis com mensagens proféticas extraídas sã Bíblia para transformar os púlpitos em palcos de espetáculos, onde os pregadores transformaram-se em animadores.

Com palavras que em nada despertam seus ouvintes para a condenação que se aproxima dos que se afastam das veredas da justiça. Em muitos casos, jovens e adolescentes fazem sexo dentro de suas próprias casas, com o consentimento dos pais que não impõe regras morais aos filhos nem condenam suas atitudes de libertinagens e promiscuidades. E isto não se limita apenas a alguns.

Mas a um número expressivo de cristãos cuja comunhão com o Senhor está corrompida e deixaram de viver na companhia do Espirito Santo. Dos simples frequentadores dos cultos aos sacerdotes, todos cederam aos apelos do mal e concordam com novidades que dia após dia chegam e dominam a mente da igreja.

Para eles as leis criadas em apoio aos costumes mundanos devem ser adotadas como regra pelas religiões, permitindo que seus membros se sintam parte da mesma sociedade corrompida que deveriam protestar e ensinar, com exemplos de pureza e santidade, os caminhos da retidão. Não podem ser chamados filhos de Deus aqueles que deixam seus caminhos dignos.

E preferem seguir dissoluto os caminhos da perdição, quem anda nas trevas morais destes tempos de escuridão, sem buscar no evangelho de Cristo a luz perfeita de Deus e suas advertências sobre as serias consequências do pecado. Estes de antemão perderam o direito de entrar nas mansões celestiais como herdeiros e de habitar eternamente ao lado de seu Salvador.

O direito a liberdade sexual ofertada pela constituinte de nosso país não se adapta aos padrões de conduta cristã encontrados nas Escrituras, e vão de encontro com as exigências de pureza e santificação feitas por Deus a seus filhos, que devem viver separados dos hábitos e costumes em redor. A igreja de Cristo não pertence a este mundo e sua passagem por aqui deve ser como forasteira.

Sentindo-se como uma estranha numa terra alheia, onde não lhe é permitido o direito de usufruir das regalias dadas aos seus habitantes, porque a pátria é lá em cima, no paraíso celeste: "Mas a nossa cidade está nos céus, de onde também esperamos o Salvador, o Senhor Jesus Cristo (Filipenses 3:20) E nada pode ser mais prejudicial para ela do que o pecado, pois ele é a única força do mal capaz de impedir a chegada ao seu destino.

Quando Satanás decidiu pôr fim na amizade que o primeiro casal tinha com seu Criador, no Éden, usou exatamente a arma da desobediência para concretizar seus maus intentos. e seus objetivos foram alcançados com êxito. De igual maneira, hoje ele convence esta igreja moldada por uma modernidade cujas bases estão firmadas na rebeldia a Deus e seus princípios.

Conduzindo todos a um profundo precipício de enganos e destruição, e no dia do grande juízo que virá sobre os incontinentes, quem não se manteve fiel perecerá: "Assim são as veredas de todos quantos se esquecem de Deus; e a esperança do ímpio perecerá."(Jó 8:13) Os conceitos sobre a necessidade de se viver a sexualidade com total liberdade é uma pretensão maligna. De conduzir a humanidade para um futuro extremamente pecaminoso, distanciando-se da glória divina e da salvação de sua alma. A prostituição não está limitada apenas ao fato de alguém frequentar um prostíbulo.

De uma mulher vender seu corpo, mas em qualquer situação na qual se pratique o sexo fora do casamento. E para Deus, aquela que se entrega sexualmente a um homem. Sem exigir dele pagamento pelo prazer dado, encontra-se num estado moral pior do que as que se vendem, pois elas colocam um preço em seus corpos, enquanto que quem faz sexo com um namorado está se doando gratuitamente, sem requerer valor algum por isso, ficando inferior a uma prostituta de aluguel.

"A todas as meretrizes dão paga, mas tu dás os teus presentes a todos os teus amantes. Assim, contigo acontece o contrário das outras mulheres nas tuas prostituições, pois ninguém te procura para prostituição, porque, dando tu a paga, e a ti não sendo dado nada em troca, fazes o contrário delas(Ezequiel 16:33,34)

São tantas meninas que acabam como mães solteiras, ainda adolescentes, sem nenhuma maturidade para educar as vidas que geram em seus ventres. É uma irresponsabilidade tamanha que causa espanto em quem observa e traz sérios problemas sociais, como tantas crianças jogadas ao descaso nas ruas de nossas cidades, abandonadas pelas portas e calçadas.

Jogadas fora como se fossem algo descartável, sem valor. Tudo decorrente da irresponsabilidade de uma juventude sem domínio, apoiada por leis criadas por políticos interessados apenas em receber votos de seus eleitores, sem importa-se com os resultados de suas ambições. A mídia, que também é uma grande aliada em favor do sexo descompromissado entre os jovens. Dá sua parcela de apoio com suas propagandas de incentivo ao uso da camisinha, advertindo que se protejam, como se o objetivo final fosse dizer: "Façam sexo a vontade, mas evitem doenças".

O sexo em si não deve ser visto como algo imundo e pecaminoso, mas, quando é feito entre pessoas que ainda não contraíram o matrimônio e com isto estão devidamente aptos a unir seus corpos em busca do prazer cometem torpeza. E o que deveria ser um ato de amor diante de Deus passa a ser visto como uma violação das ordenanças divinas, logo, passa a ser um grave pecado.

Aqui está a explicação para tantos relacionamentos fracassados, casamentos e lares destruídos, casais separados. Dentro de nossos templos e em meio as religiões que surgem uma após a outra, com seus preceitos humanistas, defendendo opiniões populares de sexo liberal para agradar seus seguidores. Interessados simplesmente nas altas contribuições que deles recebem.

Deus não se faz presente durante uma cerimônia de casamento, onde os noivos se prostituíram antes de comparecerem diante do altar. Seu Espírito é incomparavelmente puro e santo para conviver meio a impureza e sem a sua benção os casais se casam sem garantias de que aquela união durará para sempre.

Os praticantes do sexo livre acabam aprisionados pelas dolorosas marcas causadas pelo mal que causaram a seus corpos, sem esquecer que, se não houver um concerto e morrer nesta condição, perderá a oportunidade de ver a Deus (Hebreus 12:14)

1.8 Adultério

Pela nova lei cível que regularmente os direitos e deveres matrimoniais entre casais devidamente casados, o adultério não é maia considerado crime, portanto, se um homem fraga sua mulher sendo-lhe infiel com um amante e buscar o divórcio, alegando ter sido traído, a justiça não lhe fornecerá esta petição, a não ser que seu advogado use de estratégia.

E alegue incompatibilidade na convivência do casal, sem citar o caso de infidelidade, que pelo novo código não concede mais o fim da união. Em outras palavras, isto significa dizer que, para os olhos da justiça, a infidelidade conjugal passou a ser um fator irrelevante ao ponto de não merecer aplicar qualquer punição no traidor, ficando a pessoa traída injustiçada e ainda obrigada a permanecer presa a alguém que não lhe merece.

É aquele velho caso, onde o ladrão rouba alguém e ele acaba sendo considerado o culpado de ter sido assaltado por ter saído de casa. E quanto aos casais cristãos, como fica? As regras são semelhantes? Sem dúvida, a lei é para todos, mas existe algo a ser observado: Estas regras mundanas não devem fazer parte da vida dos verdadeiros cristãos, pois estes seguem os padrões criados por Deus, do amor, respeito e fidelidade.

Apesar de hoje o casamento ter se tornado algo banal para a maioria das pessoas, no entender de Deus permanece como no princípio. O homem e a mulher devem se unir e formar uma família, continuando juntos até o fim de suas vidas, amando e respeitando-se mutuamente, servindo de bom exemplo aos filhos e netos que vierem como duetos desta união. Em regiões como o Nordeste brasileiro, ainda é possível ver casais que envelheceram juntos.

Sem sinais de infidelidade ou desarmonia que resultasse no fim do relacionamento. É triste admitir, mas percebe-se que ultimamente há mais divórcios entre cristãos evangélicos do que meio aos católicos, que parecem respeitar mais o matrimônio. Mas sabemos que a razão disso está na pouca importância dada em orientar os jovens, Sobre o dever que devem ter os casais em se conhecerem melhor, durante o tempo de namoro e noivado.

Antes do casamento, para que possam estar maduros no instante em que decidirem unir suas vidas. É muito fácil viver uma paixão e pensar em morar juntos debaixo do mesmo teto, difícil é permanecer unidos depois de algum tempo, quando vier a rotina e as dificuldades da convivência a dois.

Superar as diferenças e estar pronto para dar atenção um ao outro e ainda cuidar da educação dos filhos. Durante os dez anos em que convivi no ministério de igrejas, a maior parte deste tempo aplicado ao ensino para jovens, pude perceber que os pastores estão mais preocupados em cuidar do lado financeiro das instituições, do que preparar os fiéis para uma vida cristã abalizada na vontade do Senhor.

Para que possam ter estrutura espiritual e psicológica para seguir os ditames da cristandade e não incorrer no erro de querer seguir os conselhos mundanos, principalmente a juventude presente nas igrejas nas quais pastoreiam. E, devido esta negligencia, terminam por deixar frágil o caráter cristão desta gente que segue as escuras

Sem saber ao certo como agir diante das tribulações que geralmente surgem numa convivência a dois e diante da responsabilidade de ser pai ou mãe, numa época como agora, onde os conceitos de moralidade quase não existem. A liberdade sexual passou a ser defendida pelas leis que nos regem, permitindo a infidelidade no casamento como um "escape da rotina".

E não um crime contra a família, a ser evitado. Como resultado, temos diversos casos de adultério ocorrendo em nossas comunidades cristãs, casais que deixaram de viver seus relacionamentos conjugais pautados na luz da Bíblia e voltados aos exemplos pagãos do mundo regido pelas normas de Satanás, cuja finalidade é destruir a família, um importante projeto de Deus para a humanidade.

O adultério representa um veneno para a família, seja ela cristã ou não, pois é semelhante a ferrugem que vai corroendo as bases de uma estrutura até causar seu completo desmoronamento. Quando um dos parceiros decide envolver-se intimamente com outra pessoa, está abrindo as portas de sua casa para que o inferno possa entrar e causar na vida de seus familiares uma destruição sem incalculável.

Pois o Diabo não vai se satisfazer em levar a destruição apenas do casal, mas também dos filhos e filhas que porventura possam ter sido frutos desta relação. Assim, olhando por este âmbito, podemos concluir que se os católicos e todos aqueles que nunca confessaram o nome de Cristo como Salvador.

Não podem ser identificados como verdadeiros filhos de Deus, mas apenas como suas criaturas, os cristãos evangélicos que mesmo já tendo feito esta confissão, também perdem esta filiação como herdeiros legítimos, mediante a decisão que tomaram em seguir as tradições e costumes do mundo que jaz no maligno (1 João 5:19)

1.9 Fornicação

A fornicação consiste numa convivência íntima entre um homem e uma mulher sem que tenham realizado o matrimônio, como exige as Escrituras. Deus fez o casal para que se unissem e formassem uma família, porém dentro do padrão ético estabelecido por ele, afim de que possam ser abençoados. Aos olhos do Senhor, os fornicários vivem na prática da prostituição. Pois praticam sexo sem antes terem comparecido diante do altar, ou seja, não estão autorizados por ele para viverem em união íntima.

Até mesmo aqueles que se casam apenas no civil, recebendo a permissão de um juiz humano e não divino, é considerado uma união pautada na fornicação. "Venerado seja entre todos o matrimônio e o leito sem mácula. Porém, aos que se dão à prostituição, e aos adúlteros, Deus os julgará" (Hebreus 13:4) O mundo de hoje, se dizendo moderno, abriu mão das exigências divinas a respeito de se manter a santidade no matrimônio, por considerá-las sem nenhum valor.

Com isso, os casais se unem como os animais. Moram juntos sem assumir um compromisso real com Deus e ainda reclamam quando seus relacionamentos terminam sob o efeito nocivo da infidelidade. Como podem ter a proteção de Deus para que suas vidas a dois possam ser permanentes se desprezam as bênçãos do Senhor.

Negando-se air ao altar para que, pela boca do pastor ou sacerdote, sejam pronunciadas com efeito as palavras de confirmação? Somente os animais, por serem irracionais, tem o direito de praticar sexo sem o casamento, nós, seres humanos, devemos ter outra disposição quanto a isso, pois somos capazes de entender esta importância.

É nestas condições de completa desobediência a Deus que a sociedade vive em quase toda a sua totalidade e, por esta razão, se auto denominam filhos do mal, devido esta atitude leviana para com as exigências do seu Criador. A recomendação das Santas Escrituras para que o homem ensinasse a seus filhos a Lei do Senhor, foi deixada no esquecimento. E, como consequências, resulta numa nova geração sem temor e compromisso com Deus, relegando seus estatutos a algo sem qualquer valor.

"Educa a criança no caminho em que deve andar; e até quando envelhecer não se desviará dele."(Provérbios 22:6) Se os pais optaram em formar uma família a partir de uma união abominável aos olhos de Deus, seus filhos também seguirão seus exemplos.

Esta é a explicação para tantos casais jovens se prostituindo e morando juntos, sem passarem pelo altar, gerando filhos prematuramente, contribuindo para o crescimento da desordem e o caos social que agora contemplamos. Devido os recentes escândalos, envolvendo os guias espirituais da igreja, que se tornaram ambiciosos e buscam apenas acumular riquezas materiais, a maioria das pessoas perderam a fé na bíblia e em Cristo.

Deus é visto como sinônimo de corrupção, por conta da existência dos "mercadores do evangelho" que vendem descaradamente as suas bênçãos aos menos informados, jurando que quem mais doar dinheiro nas igrejas, mais será recompensado. Desta forma, o povo para e pensa: De que importa ir ou não ao altar, ficar diante de um Deus corrupto?

Mas, a verdade é que o Senhor nunca muda e jamais se contaminará com a corrupção humana. "Jesus Cristo é o mesmo ontem, hoje e eternamente." (Hebreus 13:8) Os filhos do mal se adaptam facilmente as normas mundanas, porque amam a rebeldia contra tudo o que é santo, mas os filhos da luz abominam o pecado e desprezam o mal, porque pertencem a Deus e, como tais, jamais se conformarão com a iniquidade.

Parte 5 – O Caráter

1 - Hipocrisia

A hipocrisia é uma das formas de falsidade mais extremas, vividas pelo ser humano. Através dela, o homem é capaz de transmitir a falsa aparência de humildade, enquanto interiormente carrega no coração ódio mortal contra alguém. Podemos definir um hipócrita como aquelas pessoas dissimuladas, cínicas.

Capazes de esconder suas verdadeiras personalidades cheias de fingimentos e enganos. Podemos encontrar estes indivíduos em todos os locais por onde andarmos e eles estão, geralmente, bem mais próximos de nós do que possamos imaginar. O que lhes permite viver camuflados meio a sociedade e até entre os cristãos, nas igrejas.

É a máscara de "santidade" que normalmente usam para convencer a falsa imagem de dignidade que aparentam ter. Um grande exemplo de hipocrisia que podemos citar aqui são os políticos e, de extrema semelhança, os pastores evangélicos, que em grande maioria não passam de mercenários, prontos para explorar a imaturidade cristã de seus fiéis. Não é por acaso que eles acabam seguindo carreira política, um seguimento completa o outro. Se todo político neste país é corrupto.

Nas religiões não é diferente, eles aprendem a enganar e roubar nas igrejas e depois vão aperfeiçoar seus atos de corrupção no Congresso Nacional, colocados pelos mesmos cristãos tolos que passaram anos sendo enganados.

E enriquecendo estes lobos com peles de ovelhas. Estes falsos existem na igreja como o joio que sufoca o trigo, espalham-se pela terra e se fazem presentes em todos os lugares deste mundo perdido pela maldade humana. Estão ao nosso redor, em nossos círculos sociais, entre nossas amizades, nas salas de aulas.

Nos locais de lazer e onde quer que seja, ali eles sempre estarão semeando suas sementes malditas de fingimentos. E seu veneno que decepciona a alma e mata a esperança de quem ainda acredita na sinceridade de seus semelhantes. Jesus Cristo também foi vítima da hipocrisia dos religiosos de sua época, os fariseus e saduceus.

Que fingiam ser fiéis representantes de Deus para o povo e ficavam parado nas esquinas das ruas, três vezes ao dia, realizando suas longas orações, recebendo os dízimos e ofertas alçadas de uma nação incapaz de reagir contra suas injustiças. E, descaradamente, ainda ousaram acusar o Filho de Deus de ensinar heresias e expulsar demônios sob o poder de Belzebu, blasfemando, assim, do Espírito Santo.

A hipocrisia é a mais vergonhosa forma de desumanidade, da falta de caráter, de insensibilidade, da ausência do temor de Deus e do desrespeito ao próximo. Os doutores da Lei em Israel eram homens respeitados por todos, devido o profundo conhecimento que possuíam, por causa disso ninguém ousava discordar de seus ensinos, mas Jesus. Que é conhecedor do coração humano.

E sabe até dos pensamentos mais ocultos do homem, sabia de suas hipocrisias. (Jeremias 17:9,10) Por esta razão lhes chamou de "túmulos caiados", pois usavam externamente a enganosa aparência de piedade, mas interiormente eram impuros e cheios de falsidades. No seu discurso público contra estas pessoas, Jesus demonstrou "revolta" pela maneira como eles enganavam seus compatriotas.

E apontou diante de todos os presentes os seus fingimentos: "Ai de vós, escribas e fariseus, hipócritas! Pois que devorais as casas das viúvas, sob pretexto de prolongadas orações; por isso sofrereis mais rigoroso juízo. (Mateus 23:14) Ai de vós, escribas e fariseus, hipócritas! pois que limpais o exterior do copo e do prato, mas o interior está cheio de rapina.

E de intemperança. (Mateus 23:25) Ai de vós, escribas e fariseus, hipócritas! pois que sois semelhantes aos sepulcros caiados, que por fora realmente parecem formosos, mas interiormente estão cheios de ossos de mortos e de toda a imundícia. (Mateus 23:27) Ai de vós, escribas e fariseus, hipócritas!

Pois que edificais os sepulcros dos profetas e adornais os monumentos dos justos." (Mateus 23:29) Ainda em nossos dias esta raiz amarga da hipocrisia encontra-se causando o amargor na vida da humanidade, devido a "modernidade" ofuscar o verdadeiro evangelho e tirar das pessoas o temor de Deus, permitindo que as trevas tenham maior liberdade de dominar o coração dos seres humanos.

E o espírito do engano se manifeste com mais facilidade na vida dos que, por não crerem nas Sagradas Escrituras e no que elas nos alertam sobre Deus, vivem em completa escuridão espiritual e moral.

Nesta situação horrível em que vivemos hoje, onde se tornou quase impossível encontrar em quem confiar, as amizades verdadeiras e feitas com sinceridades, deixaram de existir. A única saída é elevar nossos olhos para o alto e fazer a mesma pergunta que um dia fez Davi: "Levantarei os meus olhos para os montes, de onde vem o meu socorro. O meu socorro vem do Senhor que fez o céu e a terra."(Salmos 121:1,2) E torcer para que nosso Deus decida enviar logo seu Filho de volta para nos tirar deste lamaçal de hipocrisia onde somos obrigados a viver.

2 - Perversidade

Este século evoluiu consideravelmente nas áreas tecnológicas e cientificas, mas socialmente virou um caos. Nunca antes, na história da humanidade, se viu um período feito com tanta violência juvenil como agora. Em tempos passados, eram exércitos de guerreiros que lutavam entre si e matavam-se por uma causa qualquer, fosse política ou religiosa, ou apenas por posse de terras.

Hoje, a guerra é feita pelo tráfico, onde são usados nossos jovens e adolescentes para roubar, matar e cometer os mais bárbaros crimes, nesta violência sem fim. O espírito de Deus parece ter se ausentado da terra e outro da escuridão tem tomado conta desta nova geração, que vivem cheios de ódio e revoltas, sedentos de destruição por onde passam.

Satanás e seus anjos caídos espalharam-se pelo planeta inteiro, dominaram as vidas sem comunhão com Cristo, até as religiões que professavam antes a verdade, se corromperam. Pastores exploram suas ovelhas e as conduzem direto para o matadouro espiritual, ao invés de levar o rebanho para protegê-las no aprisco.

A corrupção do gênero humano tornou-se incontrolável, restou apenas as marcas do mal no coração do homem, que se torna a cada dia mais e mais semelhante ao Diabo e não a imagem de seu Criador. Nas ruas de nossas cidades somente há morte e destruição.

Os noticiários não cessam de anunciar quantidades enormes de pessoas que já perderam suas vidas nas mãos de um criminoso qualquer, na maioria menores, ou foram vítimas de assaltos e todo tipo de maldade. O profeta Amós profetizou a respeito deste tempo, séculos atrás, quando disse: "Portanto, o que for prudente guardará silêncio naquele tempo, porque o tempo será mau ."(Amós 5:13)

Na sabedoria que o Espírito lhe deu, anunciou como seriam os últimos dias da humanidade, dizendo que seria prudente que o homem moderno se calasse diante da corrupção e da extrema violência que ocorreria nesta realidade que hoje vemos. Estamos vivendo numa época em que a luz se tornou em sombras e a maioria das pessoas descartam os ensinamentos de Cristo.

Seus conceitos sobre o amor ao próximo e para com Deus. Aliás, para esta geração de homens e mulheres amantes de si mesmos, das paixões e escravos do pecado, das luxúrias e da sedução carnal, Deus não passa de uma lenda, uma história criada pelos religiosos para intimidá-los, fazendo-os crer em um Ser extremamente poderoso e perfeito.

Que irá lhes punir por causa de suas transgressões, ideia que eles refutam severamente. A humanidade não quer considerar sagrado o que ensinam as Escrituras, nem afirmam ser verdadeiros os ensinos de Cristo e de seus apóstolos. Porque a verdade do Senhor é luz e irá revelar suas imundícies morais praticadas as escondidas.

E eles não desejam ser desmascarados. Jesus, referindo-se a estes filhos do mal, afirmou: "Porque todo aquele que faz o mal odeia a luz, e não vem para a luz, para que as suas obras não sejam reprovadas. " (João 3:20) Aquele que comete assassinato, não quer pagar por seus crimes; o que rouba, engana, mente, trapaceia o seu semelhante, não irá querer ser desmascarado publicamente.

O adúltero esconde do parceiro seu ato covarde, o imoral desejará continuar vivendo meio a sociedade como se fosse a pessoa mais decente do mundo, e o corrupto permanecerá escondido por trás de sua máscara de honestidade. Desta forma, o perverso seguirá seu caminho camuflado entre as pessoas de bem, sem ser notado.

A não ser quando comete um ato de perversidade e logo é identificado e punido. Como profetizou Amós, os tempos são maus e o que nos resta é ficarmos calados, para evitarmos que estes tiranos venham contra nós e nos tirem o direito de de viver, como já fizeram com milhares de outros, em todas as partes, sem que se possa fazer algo para evitar tamanho mal.

Afinal, parece que Deus se cansou de tentar convencer o homem de que seu caminho é mau e cruzou os braços, esperando que em algum momento ele se dê conta da loucura em que vive acometido e pare de praticar tamanha insanidade, para que finalmente ele possa libertá-lo de vez desta prisão em que vive, como disse Isaías aos israelitas nas palavras do Senhor: "Lava o teu coração da malícia, ó Jerusalém, para que sejas salva; até quando permanecerão no meio de ti os pensamentos da tua iniquidade? (Jeremias 4:14)

3 - Inveja

O invejoso é alguém coberto de maldições, pelo fato de viver desejando aquilo que não lhe pertence. Este tipo de pessoa não sabe lutar por seus ideais, passa maior parte do tempo parado, apenas olhando o que os outros fazem, o que constroem ou conquistam. Há um adágio popular que diz ser a inveja um dos maiores feitiços.

E isto se torna verdade ao observarmos que pessoas vítimas de invejosos acabam ficando sem progresso em todas as áreas de suas vidas. Primeiro, porque são amaldiçoadas por Deus, que não concorda que o homem deseje ter o que pertence a outro. Ele avisou aos israelitas que nunca desejassem o que pertencesse a seu próximo: "Não cobiçarás a mulher do teu próximo; e não desejarás a casa do teu próximo, nem o seu campo, nem o seu servo, nem a sua serva, nem o seu boi.

Nem o seu jumento, nem coisa alguma do teu próximo". (Deuteronômio 5:21) O desejo de ter posse sobre algo que não nos pertence é considerado inveja, o estágio mais baixo da moralidade humana. A inveja é uma característica dos filhos do maligno, pois foi com este sentimento que o Diabo se rebelou contra Deus e ousou ter a pretensão de subir aos céus.

Estando ele e seus querubins aqui na terra, guardando o Éden, e colocar seu trono acima das nuvens, acima do Senhor. Foi revelado aos profetas o momento do julgamento do antigo querubim ungido, o instante em que Deus decretou sua condenação eterna. O profeta Isaías, escreveu em seu livro: "Como caíste desde o céu, ó Lúcifer, filho da alva!

Como foste cortado por terra, tu que debilitavas as nações! E tu dizias no teu coração: Eu subirei ao céu, acima das estrelas de Deus exaltarei o meu trono, e no monte da congregação me assentarei, aos lados do norte. Subirei sobre as alturas das nuvens, e serei semelhante ao Altíssimo. E, contudo, levado serás ao inferno, ao mais profundo do abismo." (Isaías 14:12-15)

e Ezequiel, em sua revelação profética, também descreveu: " Estiveste no Éden, jardim de Deus; de toda a pedra preciosa era a tua cobertura: Sardônia, topázio, diamante, turquesa, ônix, jaspe, safira, carbúnculo, esmeralda e ouro; em ti se faziam os teus tambores e os teus pífaros; no dia em que foste criado foram preparados. Tu eras o querubim, ungido para cobrir, e te estabeleci; no monte santo de Deus estavas.

No meio das pedras afogueadas andavas. Perfeito eras nos teus caminhos, desde o dia em que foste criado, até que se achou iniquidade em ti. "Na multiplicação do teu comércio encheram o teu interior de violência, e pecaste; por isso te lancei, profanado, do monte de Deus, e te fiz perecer, ó querubim cobridor, do meio das pedras afogueadas.

Elevou-se o teu coração por causa da tua formosura, corrompeste a tua sabedoria por causa do teu resplendor; por terra te lancei, diante dos reis te pus, para que olhem para ti. Pela multidão das tuas iniquidades, pela injustiça do teu comércio profanaste os teus santuários; eu, pois, fiz sair do meio de ti um fogo, que te consumiu e te tornei em cinza sobre a terra. Aos olhos de todos os que te veem. Todos os que te conhecem entre os povos estão espantados" (Ezequiel 28:13-19)Quando o invejoso Lúcifer planejou subir aos céus e tomar o trono de Deus para si, esqueceu que iria se defrontar com o maior poder do universo.

Ao admirar sua própria glória, pois era um querubim ungido, imaginou que teria mais direitos de estar assentado no trono. Reinando sobre tudo e todos, do que o próprio Deus, que o criou. Na verdade, as Escrituras não relatam uma glória semelhante a de Lúcifer nem mesmo para Cristo, pois seu resplendor era tão imenso, que ao pisar na terra do jardim ela era transformada em "pedras afogueadas", ou seja, em ouro puro (Ezequiel 28:14) E por causa disso imaginou ser mais importante do que aquele que tem sob seus pés o domínio de todo o universo.

Causando a sua ruína e a de todos os demais anjos que seguiram seu exemplo. A inveja é um sentimento de incapacidade sentida pelos pessimistas que lhes leva a duvidar da capacidade de alcançarem seus objetivos, então param no tempo.

E ficam apenas observando aquilo que os outros conquistam, sentindo, em muitos casos. Ódio ao ver o progresso daqueles que ao contrário deles foram a luta e se tornaram vencedores. E foi esta a conduta tomada por Lúcifer no Éden, quando reuniu os demais anjos que com ele tomavam conta do jardim.

E os incentivou a subir com ele às mansões celestiais para usurpar o trono pertencente unicamente a DEUS. A inveja tomou conta do Querubim Ungido e fez com que ele perdesse a noção da loucura de seus atos, causando sua queda e destruição. De maneira idêntica, o homem que se deixa ser possuído pela inveja será destruído e não prosperará em seus caminhos.

Os invejosos não farão parte dos que irão habitar nas mansões celestiais nem entrar na Cidade Santa pelas portas (Apocalipse 22:14) Todo invejoso é filho do mal e seu nome não consta nas páginas do Livro da Vida, já estarão condenados e é certo que serão lançados no lago de fogo com Satanás e seus anjos caídos.

Caso não se arrependam a tempo para que Cristo possa mudar as suas sortes. A inveja é mais uma das armas usadas pelo Diabo para escravizar o homem ao pecado. Impedir que alcance de Deus o perdão e seja salvo. Portanto, este sentimento impuro deve ser combatido e evitado na vida daqueles que pretendem habitar com o Senhor, por toda a eternidade.

4 - Materialismo

As religiões neopentecostais, como a Igreja Universal do Reino de Deus e outras do mesmo seguimento, que pregam a seus fiéis a "Doutrina da Prosperidade", cujo propósito é difundir a errônea ideia de que os filhos de Deus devem possuir riquezas materiais, pois ele é o Ser mais rico de todo o universo.

A princípio, esta doutrina parece correta, a não ser pelo fato de que ele enviou seu Filho a este mundo na aparência de um homem humilde, nasceu de pais pobres e pertenceu a uma família sem qualquer recurso financeiro. Além do que, o próprio Jesus ensinou a seus seguidores que o dinheiro é a raiz de too o mal e que por este caminho muitos já se perderam.

E que o homem não poderá amar a Deus e as riquezas (Mateus 7:24) No entanto, estas religiões ensinam que a ausência de dinheiro na vida do cristão é prova de maldição, que se alguém tem privações financeiras é porque Deus o amaldiçoou. Então, seguindo este raciocínio, Maria e José eram um casal amaldiçoados por Deus, e Jesus era uma fraude.

Que ele nunca foi o Unigênito do Pai. Como diversas vezes anunciou diante dos Fariseus e afirmou por ele ter sido enviado a este mundo para salvar o pecador: "Mas Jesus respondeu, e disse-lhes: Na verdade, na verdade vos digo que o Filho por si mesmo não pode fazer coisa alguma se o não vir fazer o Pai.

Porque tudo quanto ele faz, o Filho o faz igualmente. Porque o Pai ama o Filho, e mostra-lhe tudo o que faz; e ele lhe mostrará maiores obras do que estas, para que vos maravilheis. Pois, assim como o Pai ressuscita os mortos, e os vivifica, assim também o Filho vivifica aqueles que quer. E também o Pai a ninguém julga, mas deu ao Filho todo o juízo; Para que todos honrem o Filho, como honram o Pai.

Quem não honra o Filho, não honra o Pai que o enviou". (João 5:19-23) Como escreveu certo escritor, ser pobre é uma benção, porque os que não possuem muitos bens tem necessidades financeiras, enquanto quem tem excesso de riquezas vivem constantemente preocupadas com seu dinheiro e com a necessidade de paz de espírito.

Pois de tanto ter medo da pobreza não conseguem encostar a cabeça no travesseiro e ter uma noite de sono tranquila. Certa ocasião, quando eu ainda era operário numa grande empresa, vi meu patrão, homem riquíssimo, dono de muitas propriedades e que vivia constantemente enraivecido contra tudo na vida, chamar a atenção de um outro funcionário pelo fato deste viver o tempo todo assobiando enquanto realizava suas tarefas.

Ele se disse incomodado com a felicidade daquele empregado, pois era um homem muito rico e não tinha dentro de si aquela disposição de viver cantando, enquanto seu empregado, que não tinha nada, estava sempre feliz.

Desde aquele dia eu compreendi perfeitamente a desgraça que as riquezas deste mundo podem causar ao homem que dela se aproxima. Estar cercado de bens materiais não é garantia de felicidade, e por saber disso o Mestre ensinou a seus discípulos que: "Não ajunteis tesouros na terra, onde a traça e a ferrugem tudo consomem.

E onde os ladrões minam e roubam; mas ajuntai tesouros no céu, onde nem a traça nem a ferrugem consomem, e onde os ladrões não minam nem roubam. Porque onde estiver o vosso tesouro, aí estará também o vosso coração (Mateus 6:19-21) O espírito maligno da ambição tem levado muitos a acreditarem que se viverem cercados de bens encontrarão descanso para suas almas e serão felizes, mas Cristo, sendo um Deus e conhecedor de todas as coisas, afirma nos evangelhos que a paz de que tanto precisamos não será encontrada nas riquezas.

Nem em nada que seja proveniente deste mundo físico, mas unicamente dele: "Vinde a mim, todos os que estais cansados e oprimidos, e eu vos aliviarei. Tomai sobre vós o meu jugo, e aprendei de mim, que sou manso e humilde de coração; e encontrareis descanso para as vossas almas. Porque o meu jugo é suave e o meu fardo é leve. (Mateus 11:28-30)

Uma das bases primordiais da doutrina de Jesus é exatamente ser contrário o acúmulo de riquezas neste mundo, por parte do homem. Sendo este um ser mortal e cuja existência neste mundo é passageira, é uma ignorância sem tamanho acreditar que seu ouro ou a prata que guarda com tanto cuidado e as defende com árdua dedicação, possa na verdade somar de alguma forma para a sua vida futura, que será na eternidade com ou sem Deus.

Por isso ele sempre ensinou às multidões que o seguiam que parassem de se preocupar em ficarem ricos, pois seus bens não o seguiriam após a morte: "Não ajunteis tesouros na terra, onde a traça e a ferrugem tudo consomem, e onde os ladrões minam e roubam, mas ajuntai tesouros no céu, onde nem a traça nem a ferrugem consomem, e onde os ladrões não minam nem roubam. Porque onde estiver o vosso tesouro, aí estará também o vosso coração.

A candeia do corpo são os olhos; de sorte que, se os teus olhos forem bons, todo o teu corpo terá luz; se, porém, os teus olhos forem maus, o teu corpo será tenebroso. Se, portanto, a luz que em ti há são trevas, quão grandes serão tais trevas! Ninguém pode servir a dois senhores; porque ou há de odiar um e amar o outro, ou se dedicará a um e desprezará o outro. Não podeis servir a Deus e a Mamom.

Por isso vos digo: Não andeis cuidadosos quanto à vossa vida, pelo que haveis de comer ou pelo que haveis de beber; nem quanto ao vosso corpo, pelo que haveis de vestir. Não é a vida mais do que o mantimento, e o corpo mais do que o vestuário? Olhai para as aves do céu, que nem semeiam, nem segam, nem ajuntam em celeiros; e vosso Pai celestial as alimenta.

Não tendes vós muito mais valor do que elas? E qual de vós poderá, com todos os seus cuidados, acrescentar um côvado à sua estatura? E, quanto ao vestuário, por que andais solícitos? Olhai para os lírios do campo, como eles crescem; não trabalham nem fiam; E eu vos digo que nem mesmo Salomão, em toda a sua glória, se vestiu como qualquer deles.

Pois, se Deus assim veste a erva do campo, que hoje existe, e amanhã é lançada no forno, não vos vestirá muito mais a vós, homens de pouca fé? Não andeis, pois, inquietos, dizendo: Que comeremos, ou que beberemos, ou com que nos vestiremos? Porque todas estas coisas os gentios procuram. Decerto vosso Pai celestial bem sabe que necessitais de todas estas coisas. Mas, buscai primeiro o reino de Deus, e a sua justiça, e todas estas coisas vos serão acrescentadas. Não vos inquieteis, pois, pelo dia de amanhã, porque o dia de amanhã cuidará de si mesmo. Basta a cada dia o seu mal. (Mateus 6:19-34)

Em suma, fica bem claro que as riquezas materiais não trazem ao homem qualquer benefício espiritual, logo, após sair do corpo mortal e partir para uma nova vida no mundo espiritual. Irá se deparar com uma pobreza tamanha, pois lá não terá nada daquilo que construiu ou acumulou aqui na terra. Foi esta realidade que Jesus descreveu para aquele pastor em Apocalipse, quando disse: "E ao anjo da igreja de Laodicéia escreve: Isto diz o Amém, a testemunha fiel e verdadeira, o princípio da criação de Deus: Conheço as tuas obras, que nem és frio nem quente; quem dera foras frio ou quente!

Assim, porque és morno, e não és frio nem quente, vomitar-te-ei da minha boca. Como dizes: Rico sou, e estou enriquecido, e de nada tenho falta; e não sabes que és um desgraçado, e miserável, e pobre, e cego, e nu; aconselho que de mim compres ouro provado no fogo, para que te enriqueças; e roupas brancas, para que te vistas, e não apareça a vergonha da tua nudez.

E que unias os teus olhos com colírio, para que vejas. Eu repreendo e castigo a todos quantos amo. Sê, pois, zeloso, e arrepende-te. (Apocalipse 3:14-19) O objetivo do evangelho é convencer o pecador de seu triste estado pecaminoso e voltar sua atenção para Deus, e não leva-lo a se tornar uma pessoa materialista e faminto por riquezas.

Portanto, essa "Doutrina da Prosperidade", ensinada pelas igrejas da atualidade, são uma afronta ao sacrifício feito por Cristo no Calvário e uma desonra ao imenso amor que o Pai demonstrou por todos nós ao doar a vida de seu único Filho para nos resgatar de nossos delitos e pecados. Somente os filhos do mal escolhem amar mais as riquezas do que ao Senhor, pois eles são seus inimigos declarados, são discípulos de Satanás.

Capítulo 2
A Imoralidade Sexual na Igreja

1.1 Influência Moral

A igreja cristã sobreviveu durante séculos a perseguição de seus inimigos e conseguiu conquistar a liberdade necessária para viver amplamente em adoração a Deus sem ter que viver sob as ameaças e perseguições do passado, porém, não chegou neste século sem algumas graves sequelas espirituais. Os primeiros cristãos nos primórdios do cristianismo e os reformadores no Século XIV, que pagaram com sangue por essa liberdade sequer imaginaram que a vitória custaria um preço ainda maior no futuro.

Quando a maioria daqueles por quem eles e Cristo morreram iriam apostatar da fé e desprezar o sacrifício que deles receberam em prol de suas vidas. Ao conhecer a trajetória sofrida dos precursores da igreja moderna e as torturas pelas quais passaram em várias partes do mundo, o martírio dos apóstolos e daqueles que foram presos, torturados, crucificados, queimados vivos, cerrados ao meio, degolados e enforcados.

Tudo para que hoje qualquer pessoa pudesse ter em mãos um exemplar da Bíblia Sagrada e conhecer o plano de salvação de Deus para o homem, sem proibições e ameaças, ficamos indignados ao ver o descaso dos atuais discípulos de Cristo. Eles que, ao invés de reconhecer o valor de tudo o que foi feito afim de nos permitir a salvação de nossas almas, simplesmente rejeitam viver separados do pecado e da devassidão.

Voltados à santificação de seus corpos no intuito de agradar nosso Salvador, escolhendo, ao invés disso, andar de mãos dadas com o secularismo e o mundanismo que só serve para separar o homem da comunhão com seu Criador. A santidade do corpo é uma das principais exigências para o cristão, segundo nos revelam as Escrituras, e é uma condição essencial para alcança a salvação da alma.

Entretanto, com o surgimento das religiões neopentecostais e as novas formas de doutrinas com ênfase ao absolutismo e a busca desenfreada pelo materialismo. Os antigos defensores da fé pentecostal trocaram os dons do Espirituais, prometidos por Jesus aos que cressem, pelo poder que o dinheiro lhes pode dar, bem como todas as possibilidades de luxúria e prazeres que ele oferece.

Passou aquela época em que os cristãos estavam preocupados apenas em serem salvos e um dia serem levados ao encontro de Cristo nos ares, o arrebatamento da igreja passou a ser visto como um conto de fadas, o importante é o hoje, o agora, e tudo o que podem fazer e viver no presente. O futuro é uma incógnita na mente dessa nova geração de discípulos, eles passaram a crer nos conceitos pós modernistas sobre a criação do universo.

Acreditando nas fábulas científicas e na loucura da mente humana, perderam o temor do Divino e Sagrado, escolheram seguir o materialismo e não o espiritual.

2. A Prática do Sexo livre Entre Cristãos

Houve uma época em que pastores e líderes das comunidades evangélicas preocupavam-se apenas com os casos de sexo fora do casamento entre os jovens e adolescentes. agora o problema se estendeu também aos adultos e até aos membros mais idosos de nossas igrejas. Há vários casos de pessoas solteiras que, após a separação ou divórcio do antigo conjugue.

Passam a se relacionarem sexualmente com novos parceiros de dentro ou fora da comunidade cristã. Alguns, para evitar serem disciplinados ou desligados de seus cargos eclesiásticos, praticam seus atos às escondidas. Tem aqueles que se envolvem com descrentes.

Desviados da fé ou estão na prática do adultério, vivendo relacionamentos clandestinos, traindo seus maridos ou esposas. Os evangélicos de hoje, na sua grande maioria, perderam o temor e brincam de pecar. E o pior de tudo não é o simples fato deles viverem regalia.

Provando, assim, das lentilhas que o mundo oferece. Mas dos escândalos oriundos desses atos impensados e irresponsáveis. Pois isso gera críticas por parte dos incrédulos que apontam seus pecados e zombam do Senhor. Além do que, enfraquece a autoridade daqueles que se mantem firmes no propósito de adorar com sinceridade a Deus e pregar o Evangelho de Cristo aos perdidos. Séculos atrás, quando rompeu na Europa a Reforma protestante.

Os cristãos traziam no peito um coração apaixonado pelo cristianismo. Eles morriam por essa causa que em nossos dias foi jogada na lama por essa geração. Talvez alguém diga: "mas atualmente o Evangelho está sendo mais pregado pelo mundo, surgem novas igrejas a cada dia e nunca as pessoas ouviram tanto falar sobre Jesus!"

Sim, é uma verdade. Porém, todo esse barulho feito no propósito de anunciar a volta do Senhor e despertar no pecador a necessidade de arrependimento nada resultará. Se ficarem apenas em palavras e continuar existindo essa imensa ausência de testemunho.

De que adianta para os descrentes ouvirem alguém dizer que eles precisam se converter ao Evangelho e entregar suas vidas à Jesus, para serem salvos, e em seguida testemunharem aquele mesmo pregador cometendo os as mesmas práticas infames nas quais eles vivem diariamente?

Por essa razão o apóstolo Tiago advertiu aos irmãos da igreja primitiva que as obras de justiça devem acompanhar a fé. Para que essa não seja morta (Tiago 2:26) O sexo livre passou a ser uma forma de lazer entre os cristãos de todas as idades, os motéis estão sempre cheios deles.

Dificilmente uma jovem comparece pura diante do altar numa cerimônia de casamento, como acontecia no passado. A virgindade se tornou um tabu para elas da mesma maneira que para as ímpias. Seguem na íntegra o modelo mundano. Ainda na adolescência vão para cama com seus namorados, algumas já se vestem de noivas grávidas e casam-se às pressas apenas para encobrir suas prostituições. E os pais, que deveriam tentar evitar a pluralidade de tais atos, são os primeiros a encobrir os erros dos filhos pelo simples fato de terem cometido as mesmas coisas no passado.

Não é à toa que os opositores do Evangelho alegam ser a igreja evangélica uma farsa. Que os crentes usam a Bíblia como uma máscara para ocultar suas verdadeiras faces manchadas pelo pecado. E é uma verdade que não podemos negar. Certa vez ouvir um líder evangélico comentando com um de seus auxiliares que não contestava o fato dos jovens de sua congregação viverem na prática do sexo livre porque entendia terem eles necessidade de se relacionarem sexualmente.

Bem, de fato todos necessitam disso, porém, como fica Deus diante dessa situação vivida por seu povo. Quando diz que devemos ser santos, pois ele é santo? (Levítico 19:1,2) e sua advertência para que não vivêssemos nos mesmos costumes dos povos em redor? (Levítico 18:1-5) E a advertência do escritor da carta aos Hebreus sobre ser a santidade a condição essencial para que possamos ver a Deus?

(Hebreus 12:14) Ora, se os jovens precisam de sexo que se casem, e se não possuírem condições financeiras para isso, que os pais acolham seus filhos e noras em suas casas para que possam evitarem a lascívia e se unirem em matrimonio como requer a Palavra de Deus, sem causar escândalos ao nome do Senhor e da igreja que fazem parte.

A cultura secular ensina a nossos jovens a demoníaca ideia de que o sexo é permissível para qualquer idade, bastando para isso o uso de preservativos para evitar contrair doenças sexualmente transmissíveis e uma gravidez indesejada, o que na realidade em nada contribui, pois a irresponsabilidade deles vai além da compreensão e acabam dando pouca importância a estes detalhes. Resultando numa quantidade absurda de adolescentes grávidas e uma fila enorme de pessoas contaminadas com o HIV.

Aguardando a hora da morte sem jeito de evita-la. A mídia se encarrega de orientar a juventude de duas maneiras: A primeira, avisando-os da necessidade de se resguardar do perigo de contrair doenças e gerar vidas sem qualquer responsabilidade.

A segunda, incentivando-os a praticar o sexo livre e descompromissado. E, diante de da indecisão, eles optam em seguir o caminho da liberalidade por ser mais fácil a busca pela satisfação dos seus desejos aflorados nesta fase da vida. Vivemos o pior período da raça humana, onde exercer o papel de pais é algo fútil, diante das leis criadas em apoio à rebeldia juvenil.

Que tiram nosso direito de agir rispidamente contra certas decisões tomadas por nossos filhos, obrigando-nos a baixar a cabeça e concordar, por exemplo, com uma filho que decide ir pra cama com a namorada ou a adolescente que engravidou, sem impor qualquer castigo ou disciplina que lhe faça compreender a seriedade de seus atos.

A verdade é que acontece em nossa sociedade uma verdadeira disputa entre os pais de famílias e as autoridades que a todo momento maquinam e criam leis que tiram daqueles o poder de liderar suas casas e conduzir seus filhos por caminhos corretos.

E essas leis que destroem a autoridade dos líderes familiares vão do impedimento de um filho trabalhar honestamente, para contribuir nas despesas de casa.. Até o direito deles viverem absolutos, sem qualquer oposição de quem quer que seja. Daí surgiram os conhecidos marginais mirins, adolescentes que por não poderem trabalhar vão para as ruas cometerem graves delitos, como assaltos e crimes.

Levando o terror à sociedade que se encontra de mãos atadas sem ter como se defender. E, junto a isso, só aumentam as fileiras de mães solteiras e menores de idade diante dos postos de saúde. Como resultado dessa decisão abominável das autoridades desse país em dar a uma classe sem juízo o direito de tomar suas próprias decisões. Nenhuma lei trouxe maiores consequências à sociedade brasileira do que o Estatuto do Menor e Adolescente.

Lei criada ainda na administração do ministro Ulisses Guimarães, que alegava está criando uma forma de dar proteção aos menores. Entretanto, acabou por criar uma verdadeira escola para o crime e a prostituição infantil. O Estatuto impede os menores de trabalhar para se dedicarem aos estudos, porém, a mesma lei não obriga estes a frequentarem a escola, resultando na evasão escolar e no aumento de delinquência juvenil.

Uma lei inútil e prejudicial para uma nação que hoje vive sob a ameaça da violência urbana. A polícia não pode punir o delinquente, a ordem da justiça é prender e entregar para os conselheiros que, depois de dá umas orientações lhes deixam novamente soltos pelas ruas afim de voltarem a cometer novos barbaridades. Ocorre da mesma maneira quanto a vida promíscua das menores.

Que se prostituem deliberadamente com outros da mesma idade e engravidam de forma descontrolada, gerando vidas sem qualquer condição de educa-las, sobrando para os pais o dever de assumir o saldo de suas atitudes impensadas, sem poder tomar qualquer providencia à respeito. O Brasil possui um dos maiores índices de prostituição infantil no mundo, mesmo com tantas leis criadas no propósito de impedir esse quadro deplorável. Mas qual o porquê delas se tornarem inúteis?

Pela simples razão de serem falhas, pois não englobam totalmente todas as reais necessidades sociais daqueles que buscam resguardar. Por exemplo: Uma lei que condena a exploração sexual de menores e pune severamente os adultos que a praticam, por outro lado não pune o menor que faz sexo livre e inconsequente nem lhe força a frequentar a escola para tirá-lo das ruas, dando-lhe uma justa ocupação, permitindo ao invés disso que ele viva dissoluto, em completa vadiagem, e ainda considera um crime a prática do trabalho pelos tais.

Em suma, os verdadeiros responsáveis pela delinquência que impera os jovens neste país são aqueles que criam leis apoiando tal forma de vida, sem estudo, trabalho e tirando dos pais o direito de educar suas crianças da mesma maneira como eles foram educados, numa época em que tal violência e promiscuidade não existiam, devido a maneira como foram criados.

E o que esperar de uma geração deliberada como essa que vivem praticando todo tipo de desordem e ainda contam com o apoio das leis que deveriam puni-los e coloca-los na linha? Exatamente o que se pode ver nos dias atuais, o aumento da violência, da perversão moral e da imoralidade. E como fica a igreja nisso tudo?

Paralisada diante de tamanha degradação do gênero humano, assistindo de perto a perdição de seus membros sem qualquer forma de evitar tal coisa. O tempo em que os cristãos possuíam uma forma de vida diferenciada dos descrentes ficou para trás, agora é tudo igual, a mesma desordem.

3. Desejo Sexual: A Poderosa Arma de Satanás

O título acima parece exagerado demais se levarmos em conta o fato de que o sexo é um presente de Deus ao ser humano.

Para que homem e mulher se unissem e tivessem prazer na vida a dois, entretanto, o objetivo central aqui é mostra como o inimigo de nossas almas faz uso desse desejo para destruir o homem. Colocando-o como pedra de tropeço em todos os seus caminhos. Adão viveu no Éden em completa tranquilidade por mil anos. Depois, cansado da solidão demonstrou tristeza e o Criador decidiu criar a mulher para que lhe fizesse companhia, permitiu o sexo entre o casal e disse para que crescesse e se multiplicasse (Genesis 1:28)

Porém, a serpente que era o animal mais sagaz do jardim convenceu a mulher a desobedecer aos conselhos do marido e comer do fruto proibido. E o homem, por sua vez seguiu seu exemplo na intenção de agradá-la, permitindo com essa desobediência que o pecado entrasse no mundo, abrindo-lhes os olhos para o bem e o mal.

Desde então, passaram a ver a vida e tudo em redor de outro prisma, com a mancha da impureza nos olhos e com seus corações corrompidos. O desejo sexual passou a arder em suas entranhas de uma maneira mais viva, mais intensa, mais descontrolada. Podemos ver isso nas páginas seguintes do livro de Gênesis.

Quando lemos que passou a existir a corrupção do gênero humano em todas as suas formas. Começando pelo assassinato de Abel, cometido pela inveja de seu irmão Caim (Gênesis 4:16) e seguiu através dos séculos, agravando-se com a promiscuidade de forma extrema. Ao ponto de Deus se arrepender de ter criado o homem e decidir destruir o mundo antigo com o dilúvio (Gênesis 6:1-22) Mas sua decisão de recomeçar a vida acabou levando-o a usar a mesma semente do princípio. Dos descendentes de Noé se fez uma nova e pior geração que a primeira.

A imoralidade sexual nasceu após a queda do homem no Éden com a chegada do pecado. Que depois desenvolveu no ser humano um desejo carnal devasso e sensual, se estendendo sobre a terra até nossos dias. Ninguém está livre de seu domínio, nem mesmo os mais religiosos e considerados espirituais. Cerca de noventa por cento dos casais cristãos modernos praticam uma forma de imoralidade sexual em suas camas.

O homem do século vinte e um não se conforma mais com aquela tradicional forma de fazer sexo, chamada comumente de "papai e mamãe". Tanto eles, quanto suas parceiras, só se completam sexualmente com pequenas ou grandes doses de atos imorais. Entre as promiscuidades mais praticadas pelos cristãos que seguem o modernismo religioso e acreditam que podem tudo na cama, desde que sejam devidamente casados, está a prática do sexo anal e oral.

Sabemos que as Escrituras Sagradas condenam esse tipo sexo por ser um ato de sodomia. Deus destruiu duas grandes e populosas cidades no mundo antigo por causa dessa prática imoral, Sodoma e Gomorra foram dissipadas da terra através do fogo e enxofre (Gênesis 19:24 ; 2 Pedro 2:6) mas suas imoralidades parecem ter enraizado de tal maneira que se espalhou de geração em geração.

 Chegando a nosso tempo e contaminando quase que toda a igreja. Desde um simples membro ao mais alto escalão eclesiástico, todos praticam a sodomia. Há até pastores que gravam vídeos e cds com estudos para casais incentivando-os nessa prática imoral. A desculpa de tais escravos do pecado sexual é que Paulo disse que o corpo da mulher pertence ao marido e o dele a esposa. Não devendo um se negar de satisfazer o outro (1 Coríntios 7:4)

Porém, o que esta passagem bíblica diz nada tem a ver com a liberdade do casal praticar a promiscuidade e sim com o sexo natural, como determinou o Senhor. Isso fica claro, quando o mesmo apóstolo adverte que cada um use seu "vaso" (corpo) em santidade (1 Tessalonicenses 4:4)

E que os filhos do Altíssimo não devem se contaminar com os atos perversos e imorais praticados pelos ímpios (Levítico 18:24) e que a santidade do corpo é a chave para que o homem possa ver a Deus (Hebreus 12:14) e, ainda mais, que os desejos imorais do corpo é inimizade contra o Espírito (Romanos 8:5,7 ; João 3:6 ; Gálatas 6:8)

Há cinquenta anos, não existiam dormitórios mistos nas universidades americanas. "Nos dormitórios de hoje", relata o jornalista e escritor americano Tom Wolfe, autor do livro recém-lançado no Brasil *Eu Sou Charlotte Simmons*, em entrevista à *Veja*, "qualquer um pode entrar ou sair sem vigilância". Para Wolfe, isto "é um detalhe físico que faz imensa diferença quando se trata de sexo.

Por mais liberado que seja, um adulto muitas vezes não consegue encontrar uma cama num prazo curto. Se você mora em uma cidade, talvez tenha de ir para um hotel, o que é um incômodo e custa caro. Mas, na faculdade, os hormônios estão eriçados e as camas encontram-se lá, à espera". Wolfe explica que "a crise moral é resultado também diminuição da fé religiosa entre pessoas educadas, bem de vida". Na década de 50, essas coisas não aconteciam porque "as igrejas ainda tinham um certo poder moral sobre as pessoas" (*Veja*, 11/05/2005, p. 15).

O escritor americano, que fez uma conferência na abertura da XII Bienal Internacional do Livro no Rio de Janeiro em meados de maio e que não tem "uma consciência aguda da importância da religião".

Certamente não está exagerando. Basta ler o artigo de capa *Sex in the Body of Christ* [Sexo no corpo de Cristo] na *Christianity Today* de maio de 2005, escrito por Lauren F. Winner, autora do também recém-lançado *Real Sex: The Neckel Truth About Chastity* [Sexo real: a verdade nua e crua sobre a castidade], nos Estados Unidos.

Tudo muito generalizado. Antes de se converter, Lauren, de origem judaica, vivia como a maioria dos adolescentes americanos (65% deles começam a se relacionar sexualmente na época em que terminam o segundo grau). A primeira experiência dela foi aos 15 anos e assim se portou com seus namorados até que um ministro evangélico lhe disse claramente que essa conduta não era apropriada.

A moça não conseguiu abandonar seus hábitos sexuais imediatamente, como gostaria que acontecesse, mas começou a sua caminhada, "mergulhando na castidade", como ela mesma diz. Em seu artigo, Lauren Winner declara que "as comunidades cristãs não estão livres da revolução sexual".

Ela menciona três pesquisas realizadas nos anos 90 com solteiros cristãos: aproximadamente um terço dos entrevistados eram virgens. O que significa, é claro, que dois terços não o eram. A própria revista *Christianity Today*, numa entrevista realizada em 1992 com mais de mil leitores, descobriu que 14% tiveram um caso extraconjugal e destes.

75% eram cristãos na época da traição. Os pais, os professores e os pastores devem conservar a pregação da pureza sexual. Que se fazia antes da revolução sexual americana da década de 60, que instalou a permissividade, algo próprio da pós-modernidade. Essa constatação é de suma importância porque aquilo que desde o princípio era chamado de transgressão foi transformado em "direito", não só no mundo secular, mas também no mundo cristão. Heber Carlos de Campos.

Do Centro de Pós-Graduação Andrew Jumper, da Igreja Presbiteriana do Brasil, em seu artigo *O pluralismo do pós-moderno*, afirma que a tolerância ética (sexo fora e antes do casamento) existe tanto entre os chamados protestantes liberais como entre os fundamentalistas (*Fides Reformata*, janeiro a junho de 1997, p. 12). Tudo muito errado. Não é difícil recuperar a pregação da ética sexual.

Se ainda não jogamos fora um dos pilares da Reforma Protestante do século 16 — o *"sola Scriptura"* (só as Escrituras como regra de fé e prática). Pois não há a menor possibilidade de se dispensar o cristão da moralidade sexual. Não há nem sequer uma pequena fresta pela qual se poderia passar para o lado oposto (a imoralidade sexual).

A expressão mais usada no Novo Testamento na Nova Versão Internacional para enfeixar diferentes deslizes sexuais é "imoralidade sexual" (pornéia, no original grego), também traduzida por relações sexuais ilícitas (ou irregulares). O adultério, fornicação, concubinato, prostituição, licenciosidade, infidelidade, imoralidade e impureza. Na versão citada, essa expressão aparece em Mateus (5.32; 19.9).

Atos (15.20, 29), Romanos (13.13), 1 Coríntios (6.18), Gálatas (5.19), Efésios (5.3), Colossenses (3.6), 1Tessalonicenses (4.3), 1 Timóteo (1.10) e Apocalipse (2.14, 20-21; 21.8; 22.15). Um dos versículos diz: "Comportemo-nos com decência, como quem age à luz do dia, [...] não em imoralidade sexual e depravação" (Rm 13.13). Noutro, se lê: "Fujam da imoralidade sexual.

Todos os outros pecados que alguém comete, fora do corpo os comete; mas quem peca sexualmente, peca contra o seu próprio corpo", que é santuário do Espírito Santo (1 Co 6.18). O texto de Paulo aos efésios é peremptório: "Entre vocês não deve haver nem sequer menção de imoralidade sexual como também de nenhuma espécie de impureza e cobiça; pois essas coisas não são próprias para os santos" (Ef 5.3).

Em outra epístola, o apóstolo ordena: "Façam morrer tudo o que pertence à natureza terrena de vocês", e o primeiro item dessa incômoda bagagem é a imoralidade sexual (Cl 3.5). Para sermos santificados, a etapa número um é "abstenham-se da imoralidade sexual". Cada um, precisa aprender a "controlar o seu próprio corpo de maneira santa e honrosa.

Não dominado pela paixão de desejos desenfreados, como os pagãos que desconhecem a Deus" (1 Ts 4.3-5). Ao jovem pastor Timóteo, seu pai na fé explica que a lei não é feita para os justos, mas "para os que praticam imoralidade sexual e os homossexuais" (1 Tm 1.9-10). Nas cartas dirigidas à igreja em Pérgamo e em Tiatira. Há uma severa denúncia contra as "pessoas que se apegam aos ensinos de Balaão" (Ap 2.14) e contra as que toleram Jezabel, a mulher que se autoproclama profetiza (Ap 2.20), porque ambos defendem e estimulam a imoralidade sexual.

E, no mesmo livro de Apocalipse, duas vezes se afirma que ficam de fora da Nova Jerusalém "os que cometem imoralidade sexual" (Ap 21.8; 22.15). A tríade "impureza, imoralidade sexual e libertinagem" é encontrada duas vezes (2 Co 12.21; Gl 5.19). Em 1 Coríntios 6.9, Paulo é tão meticuloso que fala em "homossexuais passivos" (ou efeminados, "depravados", em outras traduções) e "homossexuais ativos" (ou pessoas de costumes infames, sodomitas, devassos, pederastas).

A moral sexual ensinada por Jesus e pelos apóstolos não deixa por menos: toda relação heterossexual "irregular" (fora do casamento) e toda relação homossexual é pecado. A licenciosidade sem consequência só seria possível com a inexistência de Deus ou com a morte de Deus, como declarou à revista Veja o filósofo francês Michel Onfray, de 46 anos

: "Se Deus existe, eu não sou livre; por outro lado, se Deus não existe, posso me libertar". (Na verdade, Onfray está repetindo Dostoievski: "Sem Deus tudo é permitido".) Para esse ateu inveterado, "o princípio fundamental do Deus do cristianismo, do judaísmo e do islã é um entrave e um inibidor da autonomia do homem" (*Veja*, 25 maio 2005, p.11).

O grande "problema" é que Deus existe e não está morto. Isso significa que Michel Onfray e todos aqueles que trocam a soberania de Deus pela permissividade estão em apuros, pois não há como pôr panos quentes na questão sexual nem afrouxar as normas (o tal paradigma do artigo O padrão de conduta é alto demais e a carne é fraca demais, porém a salvação é grande demais!). Depois de examinar cuidadosamente o código sexual baseado nas Escrituras Hebraicas (Antigo testamento) e o Novo Testamento.

O celebrado catedrático de Oxford e crítico literário C. S. Lewis chegou à conclusão de que "não há escapatória: a regra é ou o casamento com fidelidade total ao parceiro, ou a abstinência total" (*Deus em Questão*, p. 150).

Tudo muito possível de cura. Todavia, Jesus deixou claro que as portas da graça estão abertas para todos os transgressores da moralidade sexual, desde que eles se reconheçam pecadores, se arrependam e façam o tal "mergulho na castidade", mencionado por Lauren Winner. Veja-se, por exemplo, o trato dispensado por Jesus à mulher samaritana (Jo 4.1-42)

À mulher adúltera (Jo 8.1-11) e à mulher pecadora (Lc 7.36-50). As portas da graça também estão abertas para aqueles que, depois de terem aceitado o evangelho, cometem algum pecado sexual, se eles reconhecerem e se arrependerem do escândalo, como aconteceu com Davi.

E com aquele homem da igreja de Corinto que possuiu a mulher do seu próprio pai (1 Co 5.1-5; 2 Co 2.5-11). Vale lembrar que o Senhor "veio buscar e salvar o que estava perdido" (Lc 19.10) e que vários membros da igreja de Corinto eram "ex-uma-porção-de-coisa", inclusive ex-adúlteros e ex-homossexuais ativos e passivos (1 Co 6.9-11). (Veja *Os "malakoi" e os "arsenokoitai"*).

No esforço para abraçar a moralidade sexual, não se pode descambar para a interpretação do sexo como algo imoral em si. "O Deus das Escrituras", ensina o psicólogo suíço Paul Tournier, "não condena o instinto sexual, pois foi ele quem o criou e o entregou ao homem, mas ele, mediante a sua revelação [a sola Scriptura], inspira o homem quanto à forma de usá-lo" (*Os Fortes e os Fracos*, p. 210).

Para o apóstolo Paulo, lembra o teólogo britânico James Dunn, o instinto sexual "é uma força para criar vida e aumentar relações, mas também uma força capaz de corromper e destruir" (*A Teologia do Apóstolo Paulo*, p. 776). O que atrapalha muito a pregação da moralidade sexual são o legalismo (o discurso cheio de regrinhas e sem amor)

A hipocrisia (o que se fala em público não se faz em secreto) e a obsessão pelo pecado sexual (ênfase demasiada e quase exclusiva nesse pecado e o esquecimento de muitos outros pecados de igual gravidade). A pós-modernidade e sua filha mais dileta, a permissividade, precisam de contestadores à altura.

Porque, segundo J. D. Unwin, pesquisador não-religioso nem moralista, que estudou 86 sociedades diferentes, as civilizações só floresciam durante o tempo em que valorizavam a fidelidade sexual. Quando a conduta sexual era relegada, elas experimentavam posteriormente um declínio.

"O ressurgimento só aconteceria quando retornassem a padrões sexuais mais rígidos", acrescenta Philip Yancey, em seu mais recente livro (*Procurando Deus nos Lugares Mais Inesperados*). O retorno à moralidade sexual precisa acontecer agora, antes que até mesmo a pedofilia se torne plenamente aceitável! (Heber 2005 : 1-3)

4. O Sexo Que Deus Aprova

Mas, afinal, qual o modelo correto para ser praticado por aqueles que desejem ter uma vida sexual agradável a Deus? Ora, certamente aquele que foi determinado por ele como puro e sem qualquer condenação.

Ao formar o primeiro casal o Senhor já colocou neles os órgãos genitais e suas funções fisiológicas particulares. Cada um atuando de forma única e individual. Satanás, como sempre, através do pecado e da rebeldia humana convenceu o homem de que poderia mudar o uso natural de certas partes de seus corpos e coloca-los na prática do sexo, e incutiu na mente humana de que isso era uma maneira de evoluir sexualmente.

Como aconteceu com Eva no jardim, quando facilmente aceitou a proposta ilusória da serpente, a humanidade concordou em seguir suas orientações e surgiram as novas tendências sexuais, levando gerações inteiras à prática da imoralidade que só se multiplica em nossos dias. O modelo correto de se relacionar sexualmente é o que tradicionalmente foi taxada de papai e mamãe.

Nada mais além disso. Sexo anal, oral e qualquer outra maneira de buscar prazer durante o sexo é aceitável a Deus, fere sua santidade. Posições no momento da transa, desde que seja com penetração na vagina, não é visto como imoral e é aceito. Porém, se o casal cristão tem a tendência de se sentir atraído pelo sexo anal, é melhor evitar para não despertar tal desejo.

Claro que o leitor irá pensar o quanto sua vida sexual vai ficar sem graça ao tirar todo aquele tempero condenável de antes, mas lembre-se que tudo o que lhe dava maior excitação e prazer nada mais era do que a semente maldita do pecado ardendo nas suas entranhas, tornando-o cada vez mais digno do fogo eterno. Sem dúvida, vale a pena um esforço para se libertar dos grilhões da imoralidade, pois esse tipo de desejo escraviza quem dele faz uso e coloca a alma de seus adeptos em completa escuridão.

Muitos homens que foram elevados a posições importantes diante do povo de Deus já tropeçaram durante o exercício de seus vultuosos ministérios Depois de tropeçarem na imoralidade sexual. Desde o caso do rei Davi até os escândalos de homens como o famoso pastor Billy Hinn, autor do best seller "Bom dia Espírito Santo", que foi flagrado numa suíte de motel com uma prostituta nos Estados Unidos, sem levar em conta casos mais atuais, envolvendo líderes da igreja menos famosos, a fraqueza do homem diante do seu descontrolado sexual é visível e estarrecedora.

Isso, claro, sem contar dos que ainda se mantém com seus atos imorais ocultos por detrás da cortina de uma falsa santidade. E não nos enganemos ao deduzir que somente os homens cometem tais imoralidades e perversões, muitas mulheres consideradas santas, nas igrejas, são sodomitas entre quatro paredes. Tem aquelas que, por viverem solitárias, fazem uso até dos serviços de acompanhantes masculinos.

Contratando rapazes de programa para satisfazer seus caprichos sexuais. Se o mundo lá fora está perdido, dentro das nossas igrejas o domínio já está quase que totalmente no poder das trevas. A hipocrisia religiosa se tornou a marca principal das religiões modernas. É aquilo de pecar e depois lavar as mãos.

Ir para o templo orar, adorar, pregar o Evangelho e fingir que nada de errado praticou às escondidas. Entretanto, ficou oculto apenas para os olhares humanos, Deus e o mundo espiritual testemunharam tudo, ao vivo e a cores. Entretanto, a Bíblia Sagrada nos ensina que existem dois tipos de pecado: O pecado voluntário e o involuntário. O pecado involuntário é aquele que costumeiramente praticamos em nosso dia a dia e logo em seguida nos arrependemos.

Huscando de imediato o perdão divino, por exemplo: Responder mal os pais, magoar nosso semelhante, sentir desejos proibidos inesperados, criticar, a ambição momentânea, etc... E os voluntários, que são praticados deliberadamente, que poderiam ser evitados. Entre os pecados voluntários estão:

A prostituição, adultério, fornicação, mentira, corrupção, imoralidade, desonestidade, hipocrisia, lascívia, crimes, etc... Estes, se não forem abandonados por completo, sem um profundo e verdadeiro arrependimento, ocorrerá a perda da salvação e mesmo após confesso e perdoado acarretará sérias consequências ao pecador.

Então, o conceito moderno de que se pecar basta pedir perdão e tudo fica bem é uma ideia falsa e sem qualquer fundamento bíblico. O ideal é evitar a prática do pecado ao máximo possível, pois em santidade ninguém verá a Deus (Hebreus 12:14) A igreja cristã, que teve suas bases em Jerusalém a partir do retorno de Cristo aos céus.

Quando deu início um trabalho de evangelização feito pelos apóstolos, muitas almas foram alcançadas, percorreu uma longa caminhada através dos séculos e conseguiu se manter viva apesar das perseguições e torturas sofridas por causa de sua oposição ao pecado, chegando até nossos dias com a mensagem de salvação anunciada inicialmente por Jesus.

Mas, infelizmente, não foi capaz de conservar as mesmas características de santidade e fidelidade existentes no princípio, com o passar do tempo acabou por se corromper, contaminando-se com os costumes mundanos que antes condenava. E a imoralidade sexual, considerada a segunda maior religião secular, adentrou seus templos.

E infiltrou-se na vida dos cristãos que hoje vivem de forma semelhante aos ímpios, praticando as mesmas abominações e vivendo seus mesmos atos condenáveis. É necessário um urgente retorno aos princípios da fé cristã, principalmente quanto à santificação dos que aguardam o retorno do Filho de Deus, para que esta espera não seja em vão.

Capítulo - 3
O Relativismo Religioso

Ao lermos a história da igreja e observarmos sua trajetória desde os primórdios até hoje, observamos quão grande foi a batalha travada por nossos precursores para que o Evangelho chegasse até os dias atuais, com toda a liberdade que temos de poder divulga-lo às nações em redor da terra. Porém, seria ingenuidade nossa acreditarmos na possibilidade da existência de uma fé inerente em Cristo por parte de seus seguidores neste mundo moderno.

Não, podemos ter conquistado a vitória sobre os opositores do cristianismo, que tentaram de todas as maneiras impedir a expansão dos ensinos de nosso mestre com a proibição da leitura da Bíblia. O martírio aos antigos cristãos por parte dos imperadores romanos no berço da igreja e da perseguição durante a Contra Reforma Protestante no Século XIV..

.Mas, sem dúvida, chegamos na atualidade com um intensa diferença nos conceitos e ideologias da antiga forma de crê e viver a doutrina cristã que um dia nos foi ensinada. A modernidade se estendeu em todos os campos sociais e alcançou os púlpitos das igrejas evangélicas, onde afetou consideravelmente suas doutrinas concernentes a ética cristã.

Que no passado às tornava inversa aos costumes das demais religiões e identificava seus membros como verdadeiros opositores do mundanismo pagão, ou seja, daqueles que desconheciam ou não aceitavam os ditames do Evangelho pregado por Jesus Cristo.

E deixado aos seus discípulos, como via de regra para quem desejasse alcançar a salvação e a garantia de vida eterna. E, juntamente com estes novos conceitos surgiram, também, as tendências modernistas de apresentar Deus ao homem. Se antes, quando o modelo de pregação era pautado no ensino que nos foi deixado por Cristo e seus apóstolos.

Agora os pregadores usam de falsas profecias para atrair expectadores aos templos, que vivem sempre lotados em busca de soluções para seus muitos problemas financeiros. Prometendo falsas transformações na complicada vida dessas pessoas, eles vendem curas e milagres a um povo que quase sempre buscam resultados materiais.

E não estão nem aí para a salvação da alma. Que deveria ser a prioridade dos que buscam à Jesus e o seu Evangelho. Com o surgimento da "Doutrina da Prosperidade", criada e difundida pelos Neopentecostais, poucos ainda se dão ao trabalho de ir ao templo no propósito de fazer orações a Deus, como forma de reverencia e adoração.

O objetivo geral é consultar os especialistas em "profecias" para saber se vão ser "abençoados". E qual a quantia a ser paga para que se abram as janelas dos céus e se derramem sobre cada uma delas bênçãos sem medida. A mania religiosa desta Era Cristã é mercadejar os dons do Espírito de Deus, deixados para beneficiar gratuitamente a igreja.

Vendem profecias, curas, milagres e até falsas adivinhações. Este é o lastimável estado espiritual do cristão moderno. Na verdade, nós já ultrapassamos o modernismo e estamos vivendo o relativismo religioso, um período da história cristã onde cada qual pensa apenas em si mesmo e nas suas necessidades básicas de consumo.

Dar-se maior prioridade ao material e descaso ao espiritual. A antiga ideia de "amar ao próximo como a si mesmo" e dividir com o semelhante os seus bens, caiu no esquecimento. E o egoísmo é o que prevalece nas relações sociais, até mesmo nas comunidades declaradas cristãs. A igreja, enquanto comunidade plantada e imersa em seu tempo histórico sofre as consequências deste relativismo.

Uma das maiores evidências da influência do relativismo na igreja contemporânea é sua tendência ao ecumenismo. A defesa da aceitação indiscriminada de toda e qualquer crença revela o quanto o caráter exclusivista do evangelho soa mal aos ouvidos contemporâneos. Outra característica que tem se tornado cada vez mais comum no meio da igreja é o questionamento da necessidade e a ausência da disciplina eclesiástica.

Esta prática revela que não apenas o relativismo quanto ao conhecimento tem adentrado a igreja. Mas também o relativismo ético-moral. (Gene 2013: 8) Os seguidores dessa atual tendência religiosa já não se prendem mais às promessas bíblicas, vistas como ultrapassadas, de que Deus suprirá suas necessidades e que não devem estar preocupados com o dia de amanhã, sugeridas por Jesus nos Evangelhos. E correm em busca de uma maneira de acelerar a atenção divina sobre suas necessidades mais urgentes, nem que para isso tenham que pagar caro pelo serviço de intercessão do tal profeta.

E quem vai ousar condenar a atitude ambiciosa e desprendida de espiritualidade dos atuais "cristãos" relativistas? Nem mesmo os líderes mais conservadores ousam se opor a seus conceitos de que Deus é o dono do ouro e da prata.

E que, assim, seus filhos não podem viver sob intensa pobreza. Esta teoria consideravelmente complexa (o relativismo) pode ser vista nas palavras e ações do dia a dia das pessoas em nosso tempo. Provavelmente a maioria dos leitores já consegue perceber o quanto o homem contemporâneo se preocupa com a sua história individualmente.

Como se ela não estivesse relacionada à história de modo geral. Provavelmente, a maioria dos leitores deste texto já teve uma discussão encerrada com as seguintes palavras: "não vale a pena discutir, afinal, você tem a sua verdade e eu tenho a minha". Ou, quem nunca foi perguntado de forma retórica.

Depois de ter emitido um juízo de valor sobre algo ou alguém: "quem é você para julgar?". Essas palavras e ações revelam como o relativismo tomou conta de nossos dias. (Gene 2013: 9). Resumindo o raciocínio: ser cristão em nossos dias é receber ricas bênçãos dos céus, e a igreja ou religião correta é aquela que prega, ensina e fornece estas coisas.

3. As Consequências Sociais do Relativismo

3.1 A Apostasia dos Últimos Dias

Paulo, apóstolo do Senhor Jesus Cristo, orientando seu fiel discípulo Timóteo...

Um jovem pastor que dava início a suas atividades como líder de uma das novas igrejas fundadas, o advertia sobre as revelações que Deus lhe fez a respeito da apostasia. De como ela tomaria conta da igreja nos últimos dias e do quanto os cristãos se distanciariam dos ensinos bíblicos, alertando-o a pregar as verdades de Cristo enquanto se desejavam ouvi-las (1 Timóteo 4:1-5) E este tempo já chegou, a maioria dos cristãos deste século já se tornaram apostatas da fé.

A.   Fatores que Promovem a Apostasia no Mundo:

1 -Consequências dos últimos tempos:

"Ora, o espírito afirma expressamente que, nos últimos tempos, alguns apostatarão da fé," (I Tm 4.1a).

2 – Influência maligna no mundo:

"... por obedecerem a espíritos enganadores e a ensinos de demônios". (I Tm 4.1b).

3 – Hipocrisia de homens que ensinam mentiras. (I Tm 4.2).

"Tais ensinamentos vêm de homens hipócritas e mentirosos, que têm a consciência cauterizada" (I Tm 4:2).

4 – Coração perverso e incrédulo:

"Cuidado, irmãos, para que nenhum de vocês tenha coração perverso e incrédulo, que se afaste do Deus vivo". (Hb 13.2).

5 – Aumento da iniquidade que esfria o amor:

"Por se multiplicar a iniquidade no mundo o amor de muitos se esfriará" (Mt 24.12).

6 – Falsas ciências ou contradições do saber:

" Timóteo, guarda o depósito que te foi confiado, evitando as conversas vãs e profanas e as oposições da falsamente chamada ciência; a qual professando-a alguns, se desviaram da fé". (I Tm 6.20,21).

B.   Motivos que induz alguns a apostatarem da fé:

0   Ausência de conhecimento: (Os 4.6);

Falta de firmeza: (II Pe 3. 17,18);

Más companhias: (I Co 15.33);

Consciência cauterizada. (I Tm 4.2b).

Abando do primeiro amor: (Ap 2.4-5);

Avareza que provoca o desvio da fé: (I Tm 6.9-10; II Pe 2.1-3);

Torpes ganâncias: (Tt 1.11);

Soberba que corrompe o entendimento: (I Tm 6. 3-5);

Vaidades de pensamentos e dureza de coração: (Ef 4.17-19);

Resistência à verdade: (II Tm 3.8);

11   Amor ao presente século: (II Tm 4.10).

C.   Consequências da apostasia:

Naufrágio na fé e corrupção: (I Tm 1.19; Jd 10);

Decadência e perca da graça: (Gl 5.4);

Perecerão no engano: (II Ts 2. 10);

Abandono total da parte de Deus: (Mt 7.22-23);

Serão entregues a satanás para castigo: (I Tm 1.18-20);

Sofrerão severa punição: (Ap 22.18,19);

Trevas eternas: (Jd 10-13; II Pe 2.17);

Juízo Divino: (Jd 14-16);

Segunda morte, Condenação e destruição: (II Pe 2.12).

D. Como devemos reagir diante das apostasias?

Devemos permanecer firme no que aprendemos: (II Tm 3.14).

Devemos examinar a nossa fé: (II Cr 13.5);

Devemos resistir firmes na fé: (I Pe 5. 9);

Devemos perseverar na verdade até o fim: (Mt 24.13);

Devemos viver sobriamente: (II Tm 4. 1-5);

Devemos fugir das apostasias: (Jr 51.45; Ap 18.4);

Devemos cuidar da sã doutrina: (I Tm 4.15,16; II Ts 2.15);

Devemos combater firme o bom combate: (I Tm 1.18);

Devemos manter a fé e a boa consciência (I Tm 1.19, I Tm 1.5);

10   Devemos ensinar somente o que convém a sã doutrina (Tt 2.1).

E. Como devemos reagir diante dos apostatas?

Devemos tentar cala-los (Tt 1. 10,11);

Admoesta-los a não ensinar outras doutrinas: (I Tm 1.3,4);

Reaprendê-los severamente: (Tt 1.13);

Evita-lo depois de exorta-lo e admoesta-lo. (Tt 3.10,11);

Não lhes prestar atenção: (Tt 1.14);

Precisamos nos guardar dos tais (II Tm .15);

Evitar participar da comunhão com os tais: (Ef 5.11,12);

Afastar-se dos mesmos: (Rm 16.17; II Ts 3.6; I Tm 6. 3-5; II Tm 3.5);

Não devemos recebê-los, nem muito menos os saudá-los (II Jo 1.10,11);

10   Não devemos nos associar com os mesmos: (II Ts 3.14; I Co 5. 11-13).

Apostasia é uma realidade instaurada no mundo por meio das forças antagônicas. E, lamentavelmente intensificada no decorrer dos tempos através dos corações pérfidos que visam às vãs jactâncias da ostentação humana, ignorando por vez, a revelação divina como manual de vida e segurança eterna. Jesus prevendo tal degradação nos deixou a seguinte incógnita: "...

Contudo, quando o Filho do homem vier, encontrará fé na terra? ". (Sidnei 2018: 3) Dessa maneira o cristianismo hoje revelado à nova geração que nos precede será cada vez menos eficaz para transformar vidas e salvar almas, como sempre foi o seu verdadeiro propósito. A cada dia que passa os defensores da fé no arrebatamento da igreja perde as esperanças na volta de Cristo.

E, cansados numa espera secular, decidem-se por seguir os costumes do mundo moderno que lhes rodeia e prendem-se nos seus enganos. As diversas religiões que surgem descontroladamente por todo o mundo, com suas propostas inovadoras de prosperidades, convencem facilmente uma multidão cujos olhares não estão mais presos na direção das nuvens.

Mas, nas suas contas bancárias e no sonho de consumo adquirido diante das novidades que despontam. Isso, devido a evolução científica, tecnológica e de vários outros fatores oriundos da modernidade. Certamente que Paulo, ao receber do Senhor tal revelação, sequer poderia imaginar o quanto seria difícil impedir a propagação desse vírus espiritual de se espalhar por quase todos os cristãos mais de vinte séculos mais tarde.

E de forma catastrófica para a igreja e ao cristianismo, que superou tantas adversidades no percorrer de sua longa jornada até aqui. O esfriamento da fé nas promessas divinas se dá, principalmente, devido a inclinação que essa geração tem pelo materialismo. Como já foi citado anteriormente, o surgimento de novos conceitos doutrinários, principalmente dos neopentecostais e sua Doutrina da Prosperidade.

O que não passa de uma paixão desenfreada pelo poder que o dinheiro pode oferecer aos que o possuírem, e uma teoria inversa aos ensinamentos deixados pelo Senhor Jesus nas Escrituras, que diz ser impossível amar a dois senhores. Segundo ele, o homem não poderá amar igualmente a Deus e ao dinheiro (Mateus 6:24)

Mas, lógico que esse pensamento tornou-se retrógrado para os cristãos relativistas, eles já não se importam com seus prejuízos espirituais. "A alma que se dane", pensam, como se ela fosse uma entidade qualquer que habita em alguma parte de seus corpos e que depois da morte vai pagar pelos erros cometidos por eles, enquanto dormem nos seus sepulcros.

Quando na verdade é o contrário, a alma é cada um de nós, em particular, e iremos prestar contas com o Criador pelos pecados que praticamos por intermédio da carne humana onde habitamos. O corpo dorme, nós, entretanto, viveremos eternamente com Deus ou queimaremos no lago de fogo reservado para satanás e seus anjos (Apocalipse 20:15)

3.2 A Violência Urbana

Nunca se viveu nos tempos modernos uma época de tamanha violência social como ultimamente, o ser humano perdeu a noção do respeito, da piedade e do amor ao próximo. Um espírito de ódio, ira e revolta tomou conta da grande parte das pessoas e às transformou em verdadeiras máquinas de matar. Jamais a vida humana teve tão pouco valor como agora, se mata e morre por alguns centavos.

Crimes são cometidos por quase nada, apenas pelo prazer de tirar uma vida e se gloriar por causa desse ato infame. Essa é, sem dúvida, mais uma das consequências do afastamento do homem de Deus, da perda do comprometimento da igreja com sua missão primordial de não apenas anunciar, mas viver fielmente o Evangelho.

Pois ela foi convocada a ser a luz desse mundo tenebroso, o sal da terra (Mateus 5:13-16). E, ao perder tal qualidade, o mundo se perder entre as mais densas trevas espirituais. A igreja se resume nos seus membros em particular, em cada crente, cada discípulo de Jesus. Não no templo feito de madeira ou tijolos, tão pouco numa determinada bandeira religiosa.

E é de cada um desses que um dia confessaram crer na mensagem do Evangelho e desceram às águas durante o batismo, recebendo o perdão por seus muitos pecados, sendo purificados pelo sangue do Cordeiro e se comprometeram com o "ide" de Jesus para pregar as Boas Novas de Salvação a toda criatura. Até os confins da terra, de quem Deus cobrará pela negligência de não ter levado aos pecadores a notícia de que há uma saída para suas dores e frustrações,.

Dilemas e sofrimentos, deixando que o ímpio permanecesse a praticar a impiedade e o impuro cometesse ainda mais imoralidades, ao ponto das densas trevas espirituais do mundo chegarem ao estado em que chegou Se a igreja ficar inerte e não soltar o seu brilho, se sua luz ficar ofuscada debaixo do alqueire, a terra se encherá do sangue que a violência espalhará sobre ela. A missão da igreja é propagar o amor e a paz sobre a terra, através da pregação do Evangelho. Se isso fosse feito, hoje, de acordo com o propósito de Deus e como foi o trabalho inicial dos primitivos cristãos.

Certamente o índice de violência seria bem menor, pois os corações da maioria das pessoas estariam cheios de misericórdia e não de ódio. Mas, infelizmente, a igreja falha na sua missão de semear a boa semente e por não querer sacrificar-se pela humanidade, como fez Jesus. Partindo do pressuposto que o significado de missão no contexto bíblico.

Inicia-se na revelação do próprio Deus na história, logo se percebe que o paradigma para qualquer definição do termo "missão eclesiológica" deve ser compreendido através da missão do próprio Deus. Uma vez que, tanto na antiga como na nova aliança podemos ter acesso aos modus operandi da missão divina com relação ao resgate da humanidade.

É válido aprender com o próprio Deus o significado de missão: Missão é entrega pessoal. Desde o Genesis da narrativa bíblica, se observa a natureza do amor divino, uma vez que, mesmo antes de Deus criar a luz, já existia a cruz nos projetos de Deus em favor ao gênero humano – *"... o cordeiro que foi morto desde a fundação do mundo". (Apocalipse 13:8)* Com isto, Deus está elucidando o verdadeiro significado da visão missionária – *renúncia*, onde a importância e o significado do outro assume o lugar das conveniências e interesses pessoais –

"E andai em amor, como também Cristo vos amou, e se entregou a si mesmo por nós, em oferta e sacrifício a Deus, em cheiro suave." (Efésios 5.2) Missão é renúncia pessoal. Enquanto que, a entrega é um ato de doação, a renúncia é uma atitude de subtração. De modo que, segundo a declaração bíblica que afirma – *"Que, sendo em forma de Deus, não teve por usurpação ser igual a Deus, mas esvaziou-se a si mesmo, tomando a forma de servo, fazendo-se semelhante aos homens," (Filipenses 2.6,7)*

Concluímos que, a missão eclesiológica segundo o caráter divino sempre estará atrelada a atitude da renúncia, que significa deixar para conquistar, ou perder para ganhar, elucidando assim a afirmação paulina que diz – *"Como contristados, mas sempre alegres; como pobres, mas enriquecendo a muitos; como nada tendo, e possuindo tudo." (2 Coríntios 6.10)* Missão é fruto essencial.

Dentre os diversos pressupostos bíblicos relacionados a missão integral da igreja, é válido ponderar com algumas perguntas que certamente ampliarão o alcance da reflexão e conscientização – Tendo o cristão consciência da relevância e necessidade de se fazer missões, qual o motivo de muitos continuarem indiferentes e apáticos com relação ao assunto?

Possivelmente uma das razões é pelo fato, de que, antes da missão acontecer,. Primeiramente o "ser" do discípulo precisa acontecer, sendo forjado no caráter e sentimento de Cristo Jesus. Observe que, na descida do Espírito Santo, o poder que os discípulos receberiam, seria para eles "ser" testemunhas, (Atos 1.8). De modo que, a missão começa antes do fazer, inicia-se primeiramente no "ser" do discípulo. Missão é trabalho factual.

A missão de Cristo Jesus, não consistia em esperar pecadores se aproximarem Dele, mas antes, o próprio Cristo tomava a iniciativa de ir até os necessitados. Observe que, o mandamento da grande comissão é – "...

Ide por todo o mundo, pregai o evangelho a toda criatura". (Marcos 16.15). O mandamento não diz *"Esperai por todo mundo e pregai",* mas antes. A ordem é "Ide e pregai", afirmando que a missão da igreja é de natureza imperativa e ativa. Em síntese, em um tempo como o nosso, onde o perfil de sucesso espiritual de alguns cristãos não está mais atrelado a ser um missionário, mas antes, em tornar-se um milionário, urge a necessidade de resgatar diariamente a consciência e a urgência da missão da Igreja. (Samuel 2014: 1-2)

A violência está em toda parte. Não podemos passar um dia sem ouvir uma notícia sobre atos violentos nos meios de comunicação. Entretanto, mesmo ocorrendo em nosso país, em nossa cidade, em nosso bairro, a questão pode ficar um pouco distanciada e acadêmica até que somos vítimas da violência, ou alguém próximo a nós sofre algum tipo de agressão.

Assaltos são cada vez mais comuns, sequestros deixaram de ser um pesadelo apenas para os ricos e a violência se agrava muitas vezes seguida de assassinato. Uma estatística recente, na cidade de São Paulo, indica que uma em cada duas pessoas já foi assaltada. A impunidade se alastra, os governos se omitem, o ideal expresso por Paulo, em 1 Tm 2.2.

Onde ele nos comissiona a orarmos pelos governantes e autoridades, - para que possamos ter uma vida *tranquila e sossegada, em toda a piedade e honestidade"* parece cada vez mais distante. Os casos a seguir são reais e ocorreram todos com famílias evangélicas, irmãos nossos, aqui no Brasil:

1.Um pai de família com alguns de seus filhos retornava para a propriedade rural que possuem em um estado do Norte do Brasil. O veículo é emboscado e atacado a tiros. Morre o chefe da família e um dos filhos. Deixou a esposa viúva, com vários filhos e filhas

2.Outro pai de família de classe média, que reside no estado do Rio de Janeiro, é sequestrado e permanece em cativeiro por três semanas, sob constantes ameaças de morte, até que é libertado, sem o pagamento do resgate. Meses depois, ele e toda a sua família, permanecem ainda traumatizados com a ocorrência.

3.Um missionário que reside na periferia de uma grande cidade nordestina, tem a sua propriedade invadida por três homens.

Durante quase três horas eles aterrorizam a família e estupram a sua esposa e a sua filha mais velha, abusando também da outra filha adolescente. Qual é a nossa reação e compreensão do problema da violência? O que tem a Palavra de Deus a dizer sobre o assunto? Qual a responsabilidade dos governantes e das autoridades? Qual deve ser a postura do servo de Deus, numa era de violência e criminalidade?

1.A violência é um problema moderno?

No Salmo10, David, seu provável autor, descreve o homem violento da seguinte forma (vs.6-8) *Pois diz lá no seu íntimo: Jamais serei abalado: De geração em geração nenhum mal me sobrevirá. A boca ele a tem cheia de maldição enganos e opressão; debaixo da língua, insulto e iniquidade. Põe-se de tocaia nas vilas, trucida o inocente nos lugares ocultos; seus olhos espreitam o desamparado.*

A bravata acompanha a violência, assim como a linguagem desses é cheia de blasfêmias e maldição. Os atos, entretanto, não refletem a coragem propagada. Esses são, via de regra, traiçoeiros e ciladas armadas contra os desamparados e indefesos.

A violência caracterizou o homem desde seus primeiros passos, logo após a queda. A Palavra de Deus nos relata a história do primeiro homicídio, em Gn 4.1-24. Lá, tomamos conhecimento como a ira de Caim contra seu irmão, Abel, o levou a cometer assassinato. Entre os descendentes de Caim.

Lameque era violento e reagiu a agressões sofridas também com assassinatos (Gn. 4.23-24). Aparentemente Lameque, além de ser violento, alardeava o fato, ou seja, refletia aquela postura de vida dos ímpios, tantas vezes descrita pelo salmista, que, cheios de auto-confiança, em vez de se envergonharem dos seus atos, se gloriam na própria violência. No Salmo 73:6 lemos - "a violência os envolve como um manto".

Assim, antes do dilúvio, a violência já permeava a terra. Gn. 6.11 diz: "a terra estava corrompida à vista de Deus, e cheia de *violência*". Após o dilúvio, Deus destruiu Sodoma e Gomorra pela impiedade, violência e imoralidade existentes naquelas cidades. Em Gn 19.5 lemos que quando os anjos visitaram a Ló.

Os homens da cidade procuraram arrombar a casa para arrancarem os dois varões formosos, para os molestar sexualmente. Mas adiante, ainda no livro de Gênesis, lemos que Jacó, em suas palavras finais, condenou a violência de dois de seus filhos - Simeão e Levi, pois utilizaram a espada não para defesa, mas como "instrumentos de violência" (49.5 e 6)

Para matarem homens e mutilarem touros. Abimeleque, filho de Gideão, assassinou seus setenta irmãos, para conservar sozinho a liderança, após a morte do pai (Ju. 9.24). A violência marcou a vida de muitos reis de Israel, ao se afastarem dos caminhos de Deus.

Violência foi também, inúmeras vezes, praticada contra o povo de Deus, pelos seus inimigos. Violência maior foi praticada contra o Nosso Senhor Jesus Cristo, torturado, espancado e pendurado pelas mãos e pés, com pregos, em uma cruz, culminando com uma morte lenta e dolorosa, por asfixia, sem ter qualquer pecado.

Ali ele sofria violência e punição e morria em substituição aos seus amados que constituem a sua igreja - aqueles que, pela graça de Deus, o reconhecem como Salvador e Senhor de suas vidas. Muitos de seus discípulos experimentaram violência, ao longo de suas vidas, encontrando morte violenta, antes de passarem à glória eterna.

O capítulo da fé, Hebreus 11, fala dos servos fiéis que experimentaram açoites, escárnios, prisões, torturas e mutilações, ficando necessitados, aflitos e maltratados. A violência, portanto, por mais presente que esteja em nossa era, não é um problema moderno. Temos a tendência de sempre olhar o nosso tempo época como a pior que já existiu.

Mas quando lemos os relatos acima, da própria Palavra de Deus, vemos a violência, imoralidade, crueldade e impiedade sempre presentes no mundo. Ocorre que ela é uma consequência do pecado e sendo assim, a violência está presente desde a queda de Adão, aparecendo as vezes com maior, outras vezes com menor intensidade nas diversas épocas da história da humanidade.

É verdade que as pessoas sem Deus encontram, cada vez mais, formas sofisticadas de exercitar a impiedade, mas lembremo-nos que mesmo que sejamos vítimas de violência, Deus está presente e reina soberano, executando justiça em seu próprio tempo.

Os problemas que possamos estar atravessando com certeza já fizeram parte da experiência de outros servos Seus. 1 Co10.13 nos ensina que as provações a que somos submetidos não são exclusivas à nossa experiência, mas são humanas, ou seja, comum aos demais homens, e que Deus nos concede a habilidade de poder suportá-las.

2. Como procurou Deus restringir a violência?

O dilúvio foi um ato de julgamento de Deus contra a violência que campeava a terra. Foi assim que Deus falou a Noé (Gn. 6.13): "Então disse Deus a Noé: resolvi dar cabo de toda a carne, porque a terra está cheia de violência dos homens: eis que os farei perecer com a terra". Deus atingiu o mal na raiz, deixando para repovoar a terra apenas a família que lhe era temente.

Deus, portanto, abomina a violência e não é sem razão que o Salmo 34:16 diz, "O rosto do Senhor está contra os que praticam o mal, para lhes extirpar da terra a memória." Os violentos não terão herança com Deus. Ele é contra o que oprime e extorque (Salmo 35.10).

Após o dilúvio, para o controle da violência, Deus instituiu a pena de morte (Gn 9.6), muito antes da lei civil da nação de Israel. A Pena de Morte foi instituída por Deus naquela ocasião, portanto, como um dos freios contra a violência e os assassinatos, fundamentada no fato de que o homem foi criado à imagem dele próprio.

Ela foi comandada a Noé e a seus descendentes, antes das Leis Civis ou Judiciais, numa inferência de sua aplicabilidade universal. Foi instituída por Deus e não pelo homem, e ela ocorreu não porque Deus desse pouca validade à vida do homem.

Mas, exatamente porque Ele considerava esta vida extremamente importante. Dessa forma, perdia o direito à sua própria vida qualquer um que ousasse atentar contra a criatura formada à imagem e semelhança do seu criador.

A pena capital está enraizada na Lei Moral de Deus que seria posteriormente codificada no decálogo. O 6º mandamento, *não matarás,* expressa o mesmo princípio da santidade da vida, contido na determinação a Noé. Essa compreensão também é expressa na Confissão de Fé de Westminster, no seu capítulo 23 e no Catecismo Maior, nas perguntas e respostas 135 e 136.

A lei civil de Israel fornece solo fértil ao estudo de como Deus aplicou os princípios de sua lei moral a um povo específico, em uma época específica, com a finalidade de promoção de seus princípios de justiça. Sabemos que a lei moral é normativa a todos em todos os tempos e que a lei civil era peculiar à teocracia de Israel, enquanto que a lei cerimonial ou religiosa apontava e foi integralmente cumprida em Cristo.

Entretanto, mesmo sem ser normativa para nós, podemos verificar como o sistema de crimes e punições do povo de Israel era destinado a fazer com que o crime realmente não compensasse e temos muito a aprender com os registros das Escrituras. Veja esses pontos interessantes, como exemplos:

1. No povo de Israel não existia a provisão para cadeias, nem como instrumento de punição nem como meio de reabilitação.

A cadeia era apenas um local onde o criminoso era colocado até que se efetivasse o julgamento devido. Em Números 15.34 lemos: "...e o puseram em guarda; porquanto não estava declarado o que se lhe devia fazer..."

2. Não encontramos, na Palavra de Deus, o conceito de enclausuramento como remédio, ou a perspectiva de reabilitação através de longas penas na prisão e, muito menos, a questão de "proteção da sociedade" através da segregação do indivíduo que nela não se integra, ou que contra ela age.

3. O princípio que encontramos na Bíblia é o da restituição. Em Levítico 24.21 lemos, "...quem pois matar um animal restitui-lo-á, mas quem matar um homem assim lhe fará." A restituição ou retribuição, era sempre proporcional ao crime cometido.

4. Para casos de roubo, a Lei Civil de Israel prescrevia a restituição múltipla. Ex 22.4 diz "...se o furto for achado vivo na sua mão, seja boi, seja jumento, ou ovelha, pagará o dobro." Assim Deus estruturou o seu povo com um sistema destinado a refrear a violência e a criminalidade. Não há sombra de dúvidas que Deus julgará a violência e que ampara os seus, quando vítimas nas mãos do seu semelhante.

O Salmo 11.5 diz, "O Senhor põe à prova o justo e ao ímpio; mas ao que ama a violência a sua alma o abomina". O Salmo 72.13 e 14 registra - "Ele tem piedade do fraco e do necessitado, e salva a alma aos indigentes. Redime as suas almas da opressão e da violência, e precioso lhe é o sangue deles".

3. Qual o papel do estado, no que diz respeito à violência?

O salmo 55.9, que diz, "...vejo violência e contenda na cidade", parece escrito nos dias de hoje, e a visão de Ezequiel (7.23) é bem próxima à nossa realidade: "Faze cadeia, porque a terra está cheia de crimes de sangue, e a cidade cheia de violência". O livro de Oséias expressa a dissolução dos costumes.

E dá a razão para esse estado de coisas - o afastamento de Deus e de seus princípios de justiça. Em 4.2, lemos: "O que prevalece é perjurar, mentir, matar, furtar e adulterar, e há arrombamentos e homicídios sobre homicídios". Porque? Porque "não há verdade, nem amor, nem conhecimento de Deus"(v. 1).

Mas qual o papel do estado, das autoridades, dos governantes no controle da violência? Ele não pode "converter" as pessoas à força - não está em suas possibilidades nem faz parte de sua esfera de autoridade. Mesmo sabendo que o remédio final para a violência é o evangelho salvador de Cristo.

Reconhecemos que o estado é o instrumento designado por Deus para restringir o mal e para regular o relacionamento entre os homens. É pelas autoridades que o constituem que oramos a Deus para que atinjamos aquele ideal que nos referimos no princípio: Que tenhamos uma vida *tranquila e sossegada, em toda a piedade e honestidade'*(1 Tm 2.2).

Ele é a ferramenta que o povo recebeu de Deus para se manter em paz social. Não cabem ao indivíduo ações violentas como reações à violência. A manutenção da lei e da ordem não pertence a um grupo ilegal de "vigilantes" ou "justiceiros" que massacram indiscriminadamente, sob a cobertura de estarem punindo os criminosos. O crente não deve apoiar as ações fora da lei.

Por mais convenientes que elas pareçam e por mais evidentemente criminosos que sejam os massacrados. Ele não se gloria na guerra de quadrilhas, nem deve passar pelos seus lábios a famosa frase: "ladrão bom é ladrão morto". Mas Deus não quer os cidadãos indefesos. O estado constituído, os governantes.

As autoridades estabelecidas, em qualquer sistema, são ministros de Deus para aplicação dos princípios de justiça. Sabemos que existem governos negligentes e corruptos. Isso sobrevirá como uma terrível responsabilidade perante aqueles comissionados com a tarefa de governar, mas o preceito de Deus é que o governo correto deve ser o que louva ao que faz o bem e o que é vingador para castigar o que pratica o mal.

Assim sendo, não é sem motivo que possui armamentos para tal ("traz a espada"), como lemos em Rm 13.1-7. Lembremo-nos, também, que Paulo, sob a inspiração do Espírito Santo, escreveu suas palavras não debaixo de um governo ideal, constituído de governantes crentes e tementes a Deus, mas sob um governo imposto.

Autoritário, invasor e também corrupto, mas nem por isso menos responsável diante de Deus. A violência, consequência do pecado, está assim diretamente ligada à omissão dos governos e das autoridades. Ela cresce na medida em que cresce a impunidade e o desrespeito ao homem como criatura de Deus, criada à sua imagem. Quanto mais o estado age como ministro de justiça da parte de Deus mais decrescerá a violência.

Por outro lado, a sua parcialidade com os mais ricos, protegendo o acúmulo de riquezas angariadas indevidamente, aprofundará os abismos e carências sociais, gerando mais e mais problemas criminais. A sua visão atenuada da criminalidade, na busca de explicações sociais...

... Encorajará mais e mais violência na terra. É necessário, como indivíduos tementes a Deus, que tenhamos a visão clara de que a principal função dos nossos governantes é exatamente a promoção da paz social.

Com a visão aguçada do bem e do mal, nos termos expressos pelas Escrituras. Tudo o mais em que se envolvem deveria ser secundário a esse dever bíblico principal para com os seus cidadãos. Devemos constantemente relembrar isso aos nossos governantes.

4.Qual o comportamento do Crente em uma era de violência?

Mesmo a violência sendo algo que acompanha os passos da humanidade submersa em pecado, é realidade que vivemos em uma era violenta, em um país violento. Como crentes, devemos relembrar os seguintes pontos:

1.Se somos vítimas de violência.

Podemos ser vítimas de violência, como vimos nos exemplos mencionados na introdução, ou como já pode ter sido a sua experiência. Pode ser que você esteja agora sendo vítima de violência doméstica e ninguém sabe disso. Lembre-se que Deus reina soberanamente.

E ele tem um propósito para tudo, mesmo que não entendamos o que está ocorrendo, em um determinado ponto de nossas vidas. Se o irmão ou irmã está sendo vítima de violência, no temor do Senhor e em oração, procure a ajuda.

E aconselhamento em sua Igreja, com o seu pastor, com um dos oficiais, com um irmão ou irmã amiga. Saiba que Deus não lhe desampara (Sl 72.13-14). Se você já foi vítima de violência, ore para que possa agir como o apóstolo Paulo, quando escreveu em 1 Co 1.4.

"É Ele que nos conforta em toda a nossa tribulação, para podermos consolar os que estiverem em qualquer angústia, com a consolação com que nós mesmos somos contemplados por Deus". Peça a Deus que lhe console e que lhe conforte.

Mas vá além disso - ninguém entende mais o que uma outra pessoa, que foi vítima de violência, está passando, do que você, que também já foi. Aproxime-se, console-a também. Paulo continua, no v. 6: "Mas, se somos atribulados, é para o vosso conforto". Ore para que Deus lhe use bem como a sua experiência tão adversa e devastadora para o bem do seu Reino.

2. Não confiar em nossas próprias forças.

O Salmista, em uma era de guerras e batalhas afirmava: "Não confio no meu arco e não é a minha espada que me salva" (Salmo 44.6). A sua confiança estava no Senhor, e por isso ele continua: "Levanta-te para socorrer-nos, e resgata-nos por amor da tua benignidade". Que Ele seja também a nossa confiança e fonte de poder.

3. Procurar Refúgio em Deus.

O medo existe em meio à violência, mas Deus é maior do que todos e ampara os seus. O Salmo 22 é um salmo messiânico profético que retrata a violência que seria cometida contra o ungido de Deus, Cristo Jesus. Mas ele é também o reflexo da experiência de David.

Houve ocasiões de medo em sua vida: "derramei-me como água e todos os meus ossos se desconjuntaram; meu coração fez-se como cera, derreteu-se dentro de mim (v.14)", mas a confiança no livramento de Deus era constante: "Livra-me a minha alma da espada, e das presas do cão a minha vida"(v. 20).

Ele sabia que Deus ampara os seus: "Pois não desprezou nem abominou a dor do aflito, nem ocultou dele o rosto, mas ouviu, quando lhe gritou por socorro". Em 2 Samuel 22.3 temos o registro de David exclamando:

"Ó Deus, da violência tu me salvas." Não deve haver desespero, portanto, na vida do crente. Oremos por coragem advinda de Deus e para que ele remova o medo e a apreensão na presença de tanta violência.

4. Nunca ser violento.

O crente não deve ser violento, mas deve ser conhecido por sua mansidão e índole pacífica. Assim somos instruídos em Mateus 5.1-12, no sermão da montanha, por nosso Senhor Jesus Cristo. Devemos poder exclamar como Jó (16.17): "... não haja violência nas minhas mãos, e seja pura a minha oração". Isso quer dizer também: - Nunca exercer violência física no lar - Com isso não queremos dizer que a disciplina, da parte dos pais, não deve existir, mas devemos discernir entre a firme disciplina - mencionada em Pv. 10.13 e 24; 22.15; 23.13 e 14; 29.15

- E a violência que é fruto da ira inconsequente, como lemos em Pv. 9.18 - "Castiga a teu filho enquanto há esperança, mas não te excedas a ponto de matá-lo").- Nunca exercer violência psicológica no lar - assim somos exortados em Ef. 6.4 "E vós pais, não provoqueis vossos filhos à ira, mas criai-os na disciplina e na admoestação do Senhor."

5. Apoiar a lei e a ordem

Devemos procurar encorajar o exercício da justiça de Deus (Jr. 22.3) "Assim diz o Senhor: executai o direito e a justiça, e livrai o oprimido da mão do opressor; não oprimais ao estrangeiro nem ao órfão, nem à viúva; não façais violência, nem derrameis sangue inocente neste lugar". Nunca devemos deixar de orar por nossos governantes, para que eles sejam ministros eficazes de Deus (1 Tm 2.1,2a).

6. Olhar para o alvo.

Devemos almejar o ideal, expresso de forma precisa, profeticamente, por Isaías (59:18)

"Nunca mais se ouvirá de violência na tua terra, de desolação ou ruína nos seus termos; mas aos teus muros chamarás Salvação e às tuas portas Louvor", sabendo que Deus nos resgatou do pecado exatamente para que tenhamos esse tipo de paz, que é um prenúncio da paz eterna, em Sua presença.

7. Pregar a palavra.

Devemos ter o convencimento que a violência, sendo uma consequência do afastamento de Deus e de seus princípios tem o seu remédio final na conversão do pecador. Nisso podemos e devemos ser agentes contra a violência, fazendo como o profeta Jonas.

Que, ordenado por Deus pregou em uma grande cidade, com resultados espantosos para nós. Mas, nunca impossíveis para Deus. Em Jonas 3.8 lemos: "... e clamarão fortemente a Deus; e se converterão, cada um, do seu mau caminho, e da violência que há nas suas mãos". (Solano 2005: 1-5)

3.3 A Perversão Moral na Igreja

Semelhante a violência, a perversão moral tem sido extrema em nossos dias, principalmente com a criação de diversos partidos políticos em defesa do homossexualismo, leis por eles criadas e aprovadas pelos favoráveis a imoralidade, que deu um impulso desgovernado na libertinagem em todas as suas formas neste país. Quase que silenciando a voz da igreja que na realidade quase não mais protesta o pecado nem defende o Evangelho.

Os políticos cristãos, que a igreja elege para a defesa da fé e da moralidade cristã, nada fazem para evitar o avanço da promiscuidade e a concretização dos objetivos obscenos dos inimigos do cristianismo.

Antes, também se corrompem e envolvem-se nos mesmos escândalos que os incrédulos, quando deviam servir de exemplo, honrando o nome daquele que dizem servir. Vivemos num país com o maior número de leis criadas e aprovadas no Congresso Nacional e que deveriam beneficiar amplamente a sociedade brasileira.

Porém, na maioria dos casos somente aquelas que permitem a expansão da imoralidade e da injustiça são colocadas em prática. Com a desculpa de que rejeitar os imorais é preconceito ou homofobia, vemos a degradação dos conceitos divinos para a família, como foram criados e determinados por Deus, união de homem e mulher, sendo substituídos pela junção de pessoas do mesmo sexo.

Que sob a proteção de leis infames ousam exigir direitos matrimonias legítimos. A verdade, é que a igreja se envolveu demais com a modernidade secular, prendeu-se demais no relativismo religioso ao ponto de agora não ter mais moral algum para se recusar a aceitar o que o mundo lhe propõe. Nossas autoridades políticas deixaram de defender a fé em Cristo para preservar seus cargos a qualquer custo. Corromperam-se, foram vencidos pela corrupção que se espalhou de Norte a Sul desta nação, onde muito se fala de Jesus, mas pouco se vive e pratica o Evangelho. Como solução imediata para o que a religião não consegue resolver, até mesmo entre seus membros, os líderes espirituais relaxam no emprego mais rígido da ética cristã.

E aos poucos aumenta a permissividade dos usos e costumes mundanos que se misturam à tradição ortodoxa do cristianismo que sempre serviu de separação entre a luz e as trevas, o bem e o mal, o certo e o errado, o puritano e o sagrado.

E, diante da frouxidão de seus pastores que só se interessam em conservar os fiéis em seus templos para não reduzirem seus ganhos em dízimos e ofertas. A igreja, principalmente os mais jovens, traz o mundanismo para dentro dos ambientes onde antes seriam para a adoração ao Senhor, e se prostituem com os ídolos deste século. Entre os que ainda se dizem seguidores de Cristo existem todo tipo de promiscuidade.

Rapazes e moças possuídos pelo espírito da homossexualidade ou da prostituição enchem nossos corais durante os cultos de domingo. A imoralidade e os prazeres carnais reinam e o Evangelho parou de ser a via de regra dos que um dia foram chamados de santos do Senhor. O Pastor Perry Noble da Igreja NewSpring deixou claro para sua congregação que quando se trata de sexo, a igreja tem muito a aprender. "Vamos ser honestos.

A Imoralidade sexual está aqui em casa", ele disse à sua congregação, acrescentando que ele viu a imoralidade sexual em cada uma das três igrejas que ele tem servido. "Não podemos ficar bravos com as pessoas que não são cristãs, porque elas agem conforme elas não são Cristãos.

Mas o que podemos fazer é falar sobre a bagunça que temos em nossa própria casa e tentar limpá-la." Perry começou uma sério de duas semanas sobre "Sexo na Igreja" na semana passada e concluirá no domingo 4 de setembro. Ainda que seja um assunto desconfortável, ele deixou claro que a igreja não deve se calar sobre o sexo.

Especialmente considerando que a Bíblia "fala muito sobre o assunto do sexo". "O mundo não está em silêncio sobre o assunto do sexo. Eles estão falando sobre isso". Começando com os homens, Perry pediu aqueles que têm uma lista de músicas que degradam as mulheres para excluí-las imediatamente» Se temos uma canção em nossa lista do IPod que se refere a uma mulher como uma vadia ou uma prostituta, não a ouça. Na verdade, excluí-as hoje, porque um homem de Deus nunca se refere a uma mulher como uma vadia ou uma prostituta ", o pastor disse sem hesitar.

"Eu sei o que eu disse, não me mande um e-mail," Noble acrescentou. "Se vamos estimar as mulheres, não podemos ouvir ou ver coisas em uma base consistente que constantemente as entristecem".Abordando especificamente o sexo.

Noble leu várias passagens de Cantares de Salomão do Antigo Testamento da Bíblia, onde um marido e mulher detalham como estão desfrutando do sexo. "Estou lendo a Bíblia aqui," Noble esclareceu conforme lia as passagens. "Deus", disse ele, "quer que cada um de nós tenha uma vida sexual inacreditável e sem culpa. Mas a satisfação sexual só virá a nós à medida que procuramos a direção de Deus" Noble está dedicando duas semanas para falar sobre sexo porque existem alguns na igreja que não vão entregar suas vidas a Cristo.

Acreditando que eles não serão perdoados por seus pecados do passado sexual, ele explicou. Ele também está abordando o assunto, porque alguns não estão dispostos a desistir de suas atuais atividades sexuais. Quando na verdade Jesus iría substituí-la por algo melhor. No domingo, os planos Noble vão mais longe em matéria do pacto de casamento.

Fornecendo uma pré-visualização, o pastor disse que não há alternativa para o que Deus estabeleceu – que é o casamento entre um homem e uma mulher. "Estou falando sobre o casamento homossexual", ele disse claramente. "Governo e cultura não podem redefinir o que Deus definiu claramente". Reconhecendo que os homossexuais frequentam a NewSpring, Noble disse que eles são bem-vindos lá e ninguém está mais animado com a sua presença do que ele.

Ele ainda pediu desculpas a eles pela "forma como a igreja tem tratado você.""Somente na cultura da igreja, especialmente no Sul, um homem viciado em pornografia pode com superioridade para alguém que tem problemas com a homossexualidade ", lamentou. "Isto acabou nesta igreja. Acabou. Eu simplesmente não vou endossar isto".

Mas ele também enfatizou, "Eu te amo o suficiente para dizer a verdade. O que você está fazendo agora não é o melhor de Deus para sua vida. … Nas Escrituras, é chamado de pecado. "Jesus Cristo é poderoso o suficiente para retirá-lo de que o pecado e o que eu estou articulando agora não é discurso de ódio. Porque eu diria ao adúltero e ao pornógrafo a mesma coisa que eu diria a você. Este é um pecado sexual que precisa se arrepender".

A igreja New Spring tem atualmente cinco campi e também difunde seus cultos ao vivo na Internet. (Perry 2011: 8)

3.4 A Corrupção do Gênero Humano

Em todos os lugares podemos ver, além da violência urbana e da imoralidade que decline a dignidade de nossa gente, o crescimento alarmante da corrupção humana.

Nos diversos setores da sociedade, que vai de uma simples relação de negócios entre dois indivíduos até as negociações que ocorrem em grandes empresas e estatais, onde se estima preservar cargos, posições, lideranças e governos... Em tudo há subornos, trocas de favores, benefícios próprios, desvios de verbas e recursos, apoderação indevida de bens alheios.

E públicos com o prejuízo dos mais pobres e carentes. O homem, dizendo-se evoluído na sua maneira de pensar e agir, rasteja aos pés do atraso moral e espiritual ao menosprezar a justiça divina que lhe orienta a saber respeitar seu semelhante e viver honestamente, sem soberba e ganância.

Bem poucos pensam no bem alheio e evitam crescer financeiramente em detrimento das classes mais baixas, enquanto a maioria esmaga o pobre sob fortes ambições, visando apenas o lucro que suas ações podem lhes trazer, independentemente das consequências que venham a surgir e sobre quem elas irão afetar no futuro.

Até os cristãos, que deveriam ser o exemplo de dignidade e amor ao próximo são, em grande parte, os primeiros a viverem escravizados nas amarras da corrupção que se alojou na vida de quase todos nesta geração perversa e sem qualquer vínculo com Deus e sua forma de justiça. E essa realidade cresce a cada dia, se espalha como um câncer, alcançando todas as camadas sociais.

A tendência de corromper-se está alojada no DNA do ser humano desde a criação, e desde então o Criador vem tentando libertá-lo dessa maldição contraída no Éden, após sua queda. Entretanto, é algo que parece impossível de desarraigar de seu interior até mesmo através do poder divino. Quanto mais se tenta, mais o gênero humano se corrompe e se perde na escuridão de sua insaciável busca pelo poder que um dia satanás.

Em forma de uma serpente, lhe prometeu no Jardim. Quando nós falamos em corrupção, logo os políticos são lembrados e viram o principal alvo da conversa. Mas será que eles são os únicos corruptos deste país? Será que os cidadãos refletem sobre a licitude e honestidade de suas atitudes no dia a dia? A população muitas vezes se revolta e se sente uma vítima desse mal - que se alastra no seio das sociedades, não se obstando por limites culturais, temporais ou territoriais - e ignora sua parcela de culpa.

Em uma sociedade corrompida que finge ser contra a corrupção, ninguém é inocente. E os políticos são apenas um reflexo das pessoas que representam. Os recorrentes noticiários de escândalos de corrupção ativa e passiva através de oferecimento e recebimento de propinas, desvios de dinheiro e licitações fraudulentas, envolvendo principalmente governantes, servidores públicos.

E empresas, têm despertado na população um alerta sobre a importância do combate à corrupção. Nessa perspectiva de luta pelo fim dessa prática, nas eleições municipais deste ano foram vedadas as doações de pessoas jurídicas para candidatos e partidos políticos. Muitas pessoas acreditam que o poder econômico dos candidatos define os vencedores. Uma vez que a compra direta ou indireta de votos e a possível aferição de benefícios podem atrair o eleitorado.

Mas os motivos que determinam a escolha de cada cidadão variam e dependem de fatores como classe social, econômica e intelectual, assim como as ideologias e propostas daqueles que almejam o voto. Vivemos em um Estado Democrático de Direito que assegura essa livre preferência. O que não é admissível é que essa escolha seja viciada, sobrepondo os interesses privados em detrimento do interesse público.

A corrupção é, sem dúvidas, um dos piores males vividos nos estados democráticos modernos, mas ela não é um acontecimento recente, nem tampouco uma criação brasileira. O desvio de conduta, a desonestidade, a ambição desregrada, são intrínsecas à natureza humana. O homem quando em sociedade, vive em constantes escolhas e decisões que o colocam muitas vezes entre a satisfação dos desejos próprios e a prática do correto, ou seja, a observância das regras morais frente à possibilidade de ser beneficiado ilegitimamente.

Com o decorrer do tempo, os crescentes episódios de corrupção e o consequente enfraquecimento dos mecanismos coibidores e fiscalizatórios, aumentam os casos de impunidade dos corruptos e dos corruptores, gerando desconfiança na população. No Brasil, segundo a Organização das Nações Unidas (ON.).

Estima-se que são desviados no Brasil por ano, aproximadamente, R$ 200 bilhões (duzentos bilhões de reais). Por isso, é necessário que se reflita que o momento atual de crise política, econômica e social que o país vive não é apenas resultado de ações recentes. Em verdade, desde seu descobrimento e colonização.

O Brasil sofre com uma crise de identidade e valores que subsiste até hoje refletida em uma má distribuição de renda, que muitas vezes fomenta a geração de corrupção, e consequentemente o crescimento de desigualdades. Quando eleitos, muitos gestores trabalham como se os órgãos públicos funcionassem para suprir necessidades próprias e não coletivas. Nesse mesmo sentido, muitas pessoas são incorporadas às instituições não por suas especialidades ou competências.

Mas pela sua influência e amizade com tais administradores, caracterizando claramente uma espécie de suborno e enfraquecendo o serviço público. Entretanto, a corrupção é assim: traz junto com ela a ineficiência e descrédito dos serviços e das instituições públicas, reduz o crescimento econômico, concentra a renda, eleva a pobreza, transforma direitos dos cidadãos em moeda de negócio e prejudica a vida de todas as classes sociais, ainda que de maneiras diferentes, assim como afeta todos os setores da vida em sociedade.

Por isso, ela deve ser refletida inicialmente sobre os potenciais danos que pode causar e posteriormente sobre os meios de combate a esse círculo vicioso. Um importante instrumento são os mecanismos de controle social e fiscalização que o país possui, pois quanto mais fortes e eficientes, menos abertura para o corromper-se, a improbidade administrativa, o suborno e aliciamento haverá.

Outra maneira não menos relevante é o trabalho pedagógico de conscientização da população, que desde jovem deve observar com criticidade que mesmo os atos do cotidiano que são aparentemente de menor gravidade, são atos ilegítimos.

Ilegais e que muitas vezes iniciam uma série de atos corruptos que resultam em graves consequências. Diante de todo esse quadro, é valoroso também que chegue ao conhecimento da população os programas e atividades realizadas pelos órgãos públicos voltados ao combate à corrupção. É preciso que os cidadãos saibam e apoiem essas ações. Nesse sentido, podemos destacar o trabalho do Ministério Público brasileiro.

Em todos os seus ramos, no que se refere à repressão e prevenção da corrupção, bem como na conscientização da população. O MP acredita que nós podemos e devemos lutar por um país mais justo, com menos corrupção e impunidade, fenômenos intimamente relacionados. E quando comprovado os desvios, espera-se do Judiciário que faça a sua parte.

Assim, para quebrar o círculo vicioso de corrupção existente no Brasil, é necessário uma auto reflexão, uma educação voltada para ética, mas sobretudo uma vivência pautada em ações honestas e probas, que respeitem os ideais republicanos. Onde viceje a consciência política, onde as pessoas compreendam que o combate à corrupção é responsabilidade de todos.

Essa é uma luta de todos nós, e que alguém não se engane se acha que aparentemente ganha. Porque na verdade perde, perde muito mais, e até mesmo individualmente, porque a sociedade que deveria ser beneficiada, torna-se a sua maior vítima e nós sentimos, por incrível que pareça, todos os dias, justamente na má prestação dos serviços públicos.

Finalizamos esse pequeno texto com um alerta do parceiro do nosso site e de luta contra a corrupção, Affonso Guizzo, que se amolda como uma luva ao que enunciamos acima, citando uma conhecida autora sobre essa problemática mundial:

"MOBILIZAÇÃO SOCIAL E CONTROLE DA CORRUPÇÃO: Somente os cidadãos e os grupos organizados podem impulsionar a mudança necessária para a criação e o fortalecimento de uma nova cultura de controle político e social.

Com transferência, acesso às informações e uma estrutura técnica para correta interpretação dos acontecimentos, podemos denunciar práticas corruptas escamoteadas e cobrar uma apuração.

A luta contra o fenômeno da corrupção exige uma mobilização nacional destinada a pressionar nossos representantes políticos para que passem a agir com mais transparência e visibilidade. Também cabe individualmente a cada cidadão denunciar às autoridades competentes (Ministério Público, por exemplo)

Os subornos e os ilícitos que permitem a continuidade do mercado de atividades ilegais institucionalizadas na máquina pública. Todavia, vale a advertência de Susan Rose-Ackerman, para fazer que as reclamações (denúncias) tenham algum valor, as investigações (processos) devem ser imparciais, rápidas e eficazes." (GUIZZO, Afonso: 2016)

Com a palavra agora, cada um de nós! (HERVAL, José: 2017) Em suma, estes são os frutos que a sociedade colhe, devido a cegueira espiritual daqueles que, como representantes de Deus e responsáveis por iluminar a terra em que vivemos, andam tropeçando nas coisas fúteis e passageiras deste mundo e cujo temor do Senhor caiu em completo esquecimento.

Capítulo 4
O Neopentacostalísmo

3.1 A Blasfêmia Contra O Espírito Santo

Durante um de seus confrontos contra os fariseus, quando estes o acusaram de estar sendo usado por satanás para operar milagres, Jesus alertou: "Portanto, eu vos digo: Todo o pecado e blasfêmia se perdoará aos homens; mas a blasfêmia contra o Espírito não será perdoada aos homens.

E, se qualquer disser alguma palavra contra o Filho do homem, ser-lhe-á perdoado; mas, se alguém falar contra o Espírito Santo, não lhe será perdoado, nem neste século nem no futuro". (Mateus 12:31,32) É interessante observar que o Senhor deixou claro dois detalhes importantes, neste discurso:

1. As ofensas feitas ao Deus Filho (ou ao Cristo/Homem) poderão ser relevadas e, se depois disso houver um sincero arrependimento por parte do blasfemador, este alcançará o perdão divino. Não será levado em conta as palavras néscias pronunciadas durante o tempo de sua ignorância.

2. Entretanto, quando as palavras de ofensas são dirigidas ao Deus Espírito afetam diretamente a perfeita santidade do Deus Pai, e aí nada mais poderá ser feita para reparar tal desrespeito por parte da criatura ao seu Criador.

É imprescindível ao homem, esteja ele com ou sem Deus, compreender que em tudo há um limite a ser respeitado, de onde não se deve mais avançar, e foi exatamente isso que o Senhor quis deixar claro a seus ouvintes, em especial aos fariseus que blasfemavam contra a ação do Espírito Santo, através dele, durante seu ministério terreno.

Ao ser batizado por João, nas águas do Jordão, o profeta olhou para o alto e viu o céu se abrir e uma forte voz disse: "Este é o meu amado Filho; a ele ouvi." (Lucas 9:35)". Naquele momento desceu cem por cento do Espírito Santo sobre Jesus, para que ele tivesse em si o poder e a capacidade de, como homem, cumprir cabalmente sua missão como o Salvador do mundo. Neste ocorrido temos duas coisas de vital importância a aprender, que são:

1. A descida do Espírito Santo sobre Cristo foi completa e não apenas em pequenas porções de poder, como ocorre na igreja ao receber o batismo.

2. Ao ocupar a forma humana o Senhor perdeu parte de seus poderes como Deus e necessitava que o Espírito Santo agisse através dele, agora como homem, afim de que fosse possível ocorrer a operação de curas e milagres, bem como tudo o mais que necessitasse das maravilhas divinas. Essa certeza encontramos na carta aos Hebreus 2:7, onde lemos que Deus o fez, por um pouco de tempo, menor que os anjos. Por essa razão o Senhor alertou, aos que o acusavam de está sob a influência de Belzebu.

Que suas acusações lhes impediriam de receber o perdão de Deus, pois quem estava operando aqueles milagres era o Espírito Santo e não ele. Com isso, aprendemos que é um grave risco murmurarmos contra os profetas. Quando estes trazem revelações a igreja, e os que operam maravilhas, julgando ser a atuação de satanás, pois estaremos correndo o risco de pronunciarmos blasfêmias contra nosso Deus. Entretanto, a blasfêmia contra o Espírito Santo não se limita apenas em duvidar da operação de milagres e maravilhas no seio da igreja, vai mais além.

Quando Jesus afirmou que este é um pecado imperdoável não quis dizer que exista alguma mancha no ser humano que ele não possa limpar. Afinal, através do profeta Isaías, ele afirmou que mesmo se nossos pecados forem vermelhos como o escarlate, ele os tornará brancos como a neve (Isaías 1:18)

O que de fato ocorre é que o homem rebelado permanece cético em relação a Deus, endurecendo o coração a tal ponto de perder todo o temor necessário para que se arrependa de seus pecados e se converta à Cristo. No final das contas, não é que Deus não possa perdoá-lo, mas porque cada vez que ele duvida ou murmura contra o Espírito,

Perde a sensibilidade de sentir a presença dele dentro de si e fica impossível a conversão. No final das contas, o que Jesus quis dizer foi que pelo fato dos judeus se negarem a crê no poder restaurador do Espírito que agia através dele naquele momento, ficavam privados de se serem por ele libertos e salvos.

Por essa razão a maior parte do mundo permanece em completa escuridão espiritual, a descrença em Deus e na sua capacidade de libertar a humanidade da escravidão do pecado faz com que as trevas ganhem espaço na vida das pessoas.

E satanás tenha a oportunidade de usar todos os meios para convencer o homem de que não há necessidade dele ter uma relação com seu Criador, iludindo-o de uma auto suficiência ilusória e inexistente. Veremos, neste breve estudo sobre os dons do Espírito Santo, algumas das mais usadas formas de blasfêmias deste século.

2. O Neopentecostalismo e a Doutrina da Prosperidade

Vivemos numa época em que os dons entregues à igreja pelo Espírito Santo são comercializados por falsos cristãos, que usam de ganância e enriquecem ilicitamente, vendendo curas e milagres a um povo que pouco conhecem a respeito do Deus que professam, pois dão pouca importância ao estudo das Escrituras. Em nenhum outro momento do cristianismo os discípulos de Jesus menosprezaram tanto seus ensinamentos como agora. Apesar de toda a liberdade que se tem, hoje, para estudar a Bíblia Sagrada.

Poucos são aqueles que fazem uso desse direito conquistado com muita dor, sofrimento e perseguição por parte dos antigos mártires, que a preço de sangue pelejaram contra as forças do mal para que pudéssemos ter acesso às verdades nela contida. Com o surgimento de diversas religiões neopentecostais e a doutrina da prosperidade.

Que tem como finalidade substituir a pessoa de Deus pelo poder do dinheiro na vida de seus fiéis, aos poucos a fé nos ensinamentos de Cristo.E o dever em buscar a santidade para uma completa comunhão com o Senhor, passou a ser descartada.

Os templos modernos se encontram cheios de cristãos contaminados pelo materialismo, cujos olhares se prendem nas coisas perecíveis deste mundo e seus corações desviados corromperam-se por completo. Para estes, o que realmente importam são os bens materiais que acumulam neste mundo, a eternidade passou a ser vista como um conto de fadas e algo desprezível. A maioria dos líderes religiosos, semelhantes ao profeta Balaão, que amou mais os presentes de prata e ouro que lhe foram oferecidos, se corrompem e convencem a muitos para que andem em seus caminhos (2 Pedro 2:15)

O pentecostalismo cresceu rapidamente no Brasil, alcançando o país de Norte a Sul, salvando muitas almas e iluminando as mais densas trevas espirituais, desde de suas origens em 1911. Entretanto, as novas tendências religiosas. E suas inovações tem atraído mais a atenção dos cristãos do que se possa imaginar.

Dia após dia vemos nossos templos cada vez mais vazios pelo fato de nossos irmãos serem iludidos pelos falsos profetas que prometem riqueza e prosperidade a um povo que vive uma das piores fases financeiras neste país. Diante da crise que os brasileiros enfrentam nestes últimos anos.

Qualquer oportunidade de melhora é facilmente aceita, e é nesse ponto que os opositores da fé pentecostal. Que tem como meta a salvação da alma humana e não a prosperidade material, investem pesado para convencê-los da necessidade de eles abraçarem a nova doutrina. O número de pessoas que buscam respostas, para seus dilemas, nestes "mercadores do Evangelho" só se multiplicam, e para dar conta de receber as multidões que batem à suas portas, eles constroem ou alugam verdadeiros galpões.

Porque templo tradicionais como aqueles usados pelos pentecostais são insuficientes para acomodar tantos visitantes. E não nos enganemos em achar que quem bate à porta destes falsos mestres, que deturpam a Palavra de Deus, são apenas os descrentes. Muitos dos cristãos que um dia aceitaram a fé pentecostal, também, estão frequentando estes locais a procura de resolver suas questões financeiras. Esquecendo o conselho dado por Jesus, que nos adverte não vivermos preocupados com nossas necessidades materiais.

Com o que iremos nos alimentar, vestir ou calçar, pois o Senhor cuidará de seu povo. (Mateus 6:25) Estes mercadores de milagres agem como pretendia fazer Simão, o mágico, que quis negociar os dons do Espírito Santo com os apóstolos, na intenção de tirar proveito próprio. O texto sagrado nos revela o episódio.

Que ficou registrado como um alerta aos dias futuros pelos quais passamos hoje(Atos 8;18) A igreja cristã está sendo invadida pelas heresias e apostasias das quais alertou Paulo a seu fiel discípulo Timóteo (1 Timóteo 4:1,2) e o pior de tudo isso é que aqueles mais entendidos do assunto ficam ocupados apenas com seus pequenos rebanhos e não buscam ir mais além.

Afim de levar a todas as ovelhas a luz da verdade sobre o Evangelho de Cristo. Mostrar o que realmente significa a fé pentecostal e o que de fato importa para os filhos de Deus, que é a garantia de salvação, pois de que adiantará ao homem ganhar o mundo inteiro e perder sua alma? (Mateus 16:26)

Parece que a igreja está esquecida desse detalhe de vital importância, então que comecemos a relembrar de orientações tão importantes como esta e outras que o Senhor nos deixou, afim de que não venhamos a perder a coroa da vida que ele prometeu aos que se mantiverem fiéis até o fim (Apocalipse 2:10)

2.2 O Fermento dos Fariseus.

Jesus orientou seus ouvintes sobre o fermento dos fariseus, ou seja, da doutrina enganosa que eles pregavam naquela época, passando-se por representantes de Deus neste mundo.

Quando, na realidade, seus corações viviam cheios de adultério e avareza. (Marcos 8:15) Da mesma maneira nós, que lideramos a igreja neste momento de invasão das falsas doutrinas em nosso meio, devemos dar mais ênfase a pregar o genuíno Evangelho.

Deixando de lado aqueles sermões rotineiros que não esclarecem aos cristãos dúvidas quanto a suas vidas espirituais e o seu convívio com a modernidade, que através da mídia e dos falsos profetas propagam o amor ao dinheiro, algo que é contrário aos ensinamentos de Cristo.

Os Fariseus

Os fariseus eram um grupo denominado de 'os separados' e possuíam uma visão bem peculiar das escrituras sagradas. Era o principal grupo religioso da época de Jesus. Para eles, a oratória era um importante instrumento de declaração de fé e vida.

De acordo com o historiador judeu Josefo, naquela época, Cerca de seis mil judeus eram fariseus. Segundo os fariseus, a observância das leis era indispensável para o exercício de um judaísmo puro. Também buscavam reconhecimento em atos piedosos, como jejuar, dar esmola, orar e realizar lavagens cerimoniais. Orgulhavam-se de suas boas obras. Acreditavam em anjos bons e maus, pregavam a vinda do Messias e a existência do Hades, um lugar par aos mortos experimentarem penalidades.

E recompensas preliminares para depois, voltarem à vida para, enfim, serem recompensados por suas obras individuais. Eram ferrenhos opositores aos governadores romanos.

Embora recorressem aos mesmos quando queriam algo de interesse próprio, e pregavam a teocracia como forma de governo de Israel, o que lhes rendia um grande grupo de admiradores. Os fariseus foram muito criticados por Jesus por sua falsa modéstia, confiança nas obras como meio de ganhar aprovação de Deus, avareza, ambição e observância irrestrita das leis.

Comparando com o cristianismo moderno, muitas igrejas evangélicas seguem a doutrina dos fariseus, ainda que não percebam. São igrejas com líderes severos, que não aceitam opiniões diferentes e que, por vezes, impõem aos fiéis um peso desnecessário para seguir o cristianismo. O conhecimento e estudo da doutrina dos fariseus é importante para que os cristãos de hoje não acabem cometendo os mesmos erros de excesso de legalismo.

Os Saduceus

Embora não tenham sido um grupo tão influente como era o dos fariseus, os saduceus possuíam alguma influência na sociedade judaica dos tempos de Jesus. Eram chamados de 'justos'. Curiosamente, os saduceus negavam que as leis orais eram uma revelação divina; por isso, eram rigorosos com as leis escritas.

Os saduceus não acreditavam na ressurreição do corpo, pregavam a imortalidade da alma e a inexistência de anjos. Para este grupo religioso o livre arbítrio era o que decidia as ações pessoais. Em relação à doutrina, eram mais conservadores que os fariseus. Era um grupo que pertencia à aristocracia israelita e se preocupavam muito com a parte política, talvez.

Mais do que com a parte religiosa. No entanto, pregavam algumas contradições, como a não intervenção divina no cotidiano das pessoas. Também acreditavam que não existia penalidade ou recompensas após a morte. Só se preocuparam com os ensinamentos de Jesus quando o Messias poderia chamar a atenção dos romanos. Podemos comparar os saduceus com as igrejas evangélicas racionalistas, que negam as revelações, dons do espírito e suas manifestações.

Entretanto, apesar do alerta dado pelo Senhor Jesus para que a igreja estivesse sempre em alerta para não se contaminar com as falsas doutrinas (fermento) infelizmente é exatamente isso que tem acontecido, essa atual geração cristãos se deixaram levar pela modernidade e seus líderes, por medo de dispersar o rebanho com uma doutrina mais rígida.

Acabam aceitando a condição de rebeldia imposta pelos membros e cedem aos novos hábitos e costumes mundanos, que descaracteriza o antigo pentecostalismo nascido nos primórdios da igreja em Jerusalém, e vivida pelos primeiros cristãos nos séculos que nos antecederam. A lamentável verdade é que restaram poucas denominações cristãs realmente merecedoras do título de pentecostais no Brasil.

As igrejas evangélicas perderam seu foco, andam cambaleando entre a missão de evangelizar e a capacidade de dar bons testemunhos, a maioria dos que se intitulam salvos em Cristo tropeçam na apostasia que se vê alojada em suas próprias vidas.

E, por mais que queiramos negar essa verdade a maneira como a maioria dos cristãos de nossa época escolheram viver ultimamente é uma forma de apostasia deliberada, uma rebelião contra os princípios divinos e, por fim, uma blasfêmia contra o Espírito da Graça.

Que tem sua santidade desrespeitada por aqueles a quem recebeu a missão de guardar das portas do inferno, de quem deveria receber no mínimo um pouco de gratidão. Num sentido amplo, isso é o que Jesus queria dizer quando confrontou os fariseus, eles estavam desrespeitando o Espírito de Deus com suas críticas e zombarias.

Em nossos dias, os ímpios murmuram contra o Senhor e duvidam de suas manifestações através da igreja, no entanto, os próprios cristãos também cometem o mesmo pecado ao se unirem aos pecadores na prática de seus mesmos atos que desagradam a Deus e mancham seu nome, criando escândalos. A realidade é apenas uma:

Blasfemar contra o Espírito Santo é viver em completa sintonia com o mundo, é acompanhar os hábitos e costumes dos povos em redor, desobedecendo a orientação dada pelo Senhor para que seu povo se mantivesse separado e que se dedicassem em cumprir seus estatutos, obedecendo suas ordenanças (Levítico 18:1-5)

A blasfêmia, é na verdade a rebeldia contra os ensinamentos de Cristo, os conselhos dos apóstolos, a contaminação com a idolatria, a ambição, o materialismo, o modismo e as novas tendências religiosas que surgem e se espalham repentinamente como um vírus na terra. E nesse grave delito espiritual encontram-se não apenas os fiéis. Mas também seus guias cegos pela ganância, pastores interessados apenas no leite das ovelhas gordas e que menosprezam as magras (Ezequiel 34:1-6). O joio cresce rapidamente no seio da igreja nestes últimos dias e o trigo, em pequena quantidade, se vê sufocado ao ponto de as vezes morrer, porque quem deveria dele cuidar está envolvido demais pelo mundanismo e as "vantagens" que ele lhes oferece.

Ou, podemos concluir que os verdadeiros cristãos estão sendo liderados por autoridades eclesiásticas sem nenhum vínculo com o Senhor, não há neles a chama do Pentecostes, a presença do Espírito Santo que é a vida da igreja, ele já se retirou do meio destes apóstatas da fé.

E o mundanismo impera, sobrando bem poucos daqueles que ainda representam a verdadeira noiva de Cristo neste mundo tenebroso. Claro que essa é uma avaliação da igreja moderna que poucos querem admitir ser verdade, preferem permanecer tapando os céus com peneira e se dizendo firmes na fé que um dia abraçaram.

Mas basta olhar para o passado da igreja, reler sua história, ver o quanto muitos de nossos irmãos sofreram em prol do Evangelho ao ponto de darem suas vidas em sacrifício vivo para que hoje obtivéssemos a liberdade de cultuarmos a Deus sem sermos perseguidos, torturados e mortos. E veremos o enorme contraste entre o valor daqueles homens.

E mulheres para o que vemos hoje. A pergunta, é: O pentecostalismo que deu início no primeiro século ainda existe na vida da igreja na atualidade? Sem dúvida, mas a chama já não arde como no princípio.

Para que ele volte a ser tão vivo e forte como foi no passado, a igreja precisa recuar, parar com seu envolvimento com os cananeus desse século e se voltar mais para o Senhor.

É necessário uma imediata mudança de atitude por parte dos cristãos, pois o número daqueles que brincam de serem "crentes" é enorme, e estes estão garantindo sua própria condenação, pois viver em pecado voluntário, pecando por vontade própria, é blasfemar contra o Espírito e consequentemente perder o direito à vida eterna.

2.3 Diferenças entre Pentecostais e NeoPentecostais

Ser um cristão pentecostal é, antes de tudo, crê na doutrina do Espírito Santo, nas suas manifestações de poder presentes na igreja, tais como: O falar em línguas: A Bíblia Sagrada é, sem sombra de dúvidas, a infalível Palavra de Deus, e é nela que encontramos a afirmação de que após o retorno de Cristo para o céu, seus discípulos reuniram-se em oração num determinado lugar. E, de repente, veio do céu um vento impetuoso acompanhado de um som que encheu a casa onde estavam reunidos.

E distribuiu línguas de fogo sobre cada um deles, ficaram cheios do Espírito Santo e passaram a falar em línguas. (Atos 2:1-4) Mas, mesmo com toda essa afirmação bíblica, o NeoPentecostalismo persiste em afirmar que este dom manifesto nos pentecostais não vem de Deus e que trata-se de uma possessão demoníaca, cometendo a blasfêmia contra o Espírito Santo. **Profecias**: As religiões Neo Pentecostais acreditam que o Espírito Santo tenha descido à terra para guardar a igreja das investidas de satanás.

Operar curas e milagres, porém, negam que este possa usar os cristãos para profecias e revelações. Segundo eles, o último profeta a vir na terra foi Cristo e no atual século a Bíblia é a única profecia confiável.

Eles baseiam-se no que disse o Senhor a Moisés em (Deuteronômio 18:18-22) Porém, eles esquecem do que profetizou o profeta Joel a respeito dos dons do Espírito Santo que seriam derramados sobre a igreja nestes últimos dias (Joel 2:27-29) E o próprio Senhor Jesus Cristo, também, prometeu que estes dons acompanhariam a igreja (Marcos 16:17) Os apóstolos do Novo Testamento operaram maravilhas entre os novos convertidos da igreja primitiva (2 Coríntios 12:12; Atos 3:6)

E, desde então, o Espírito da Verdade tem se manifestado poderosamente através dos filhos de Deus. Contradizendo os céticos que persistem em negar sua atuação por meio dos cristãos. Por mais que os inimigos da fé pentecostal tentem negar os dons que do Senhor temos recebido, eles continuam presentes na vida da igreja como um selo que prova sua presença em nosso meio até a consumação dos séculos.

A Pneumatologia Bíblica é, indiscutivelmente, uma matéria de suma importância para a Igreja de Cristo na terra. É a doutrina do Espírito Santo, a terceira Pessoa da Trindade. A única fonte de informação sobre o Espírito Santo é a Bíblia, por isso, tudo quanto ensinamos acerca das ações do Espírito tem sua base na Palavra de Deus.

A Bíblia é a nossa autoridade única sobre a personalidade e a divindade do Espírito. Do primeiro capítulo de Gênesis ao último capítulo de Apocalipse, o Espírito está presente. O conhecimento dessa doutrina **não se** restringe ao Antigo Testamento. No Novo Testamento, o Senhor Jesus Cristo deixou muitos ensinamentos acerca do Espírito Santo.

No trimestre do Centenário pentecostal no Brasil, especialmente para a Assembleia de Deus, essa doutrina ganha um sentido especial. Sem desmerecer as demais doutrinas bíblicas, a ênfase ao assunto objetiva aclarar a doutrina e produzir convicções firmes e abalizadas na Palavra de Deus.

Quando Jesus iniciou seu ministério terreno, começou identificando o Espírito Santo como uma Pessoa Divina. No seu primeiro sermão numa sinagoga de Nazaré, ele afirmou: "O Espírito do Senhor é sobre mim, pois que me ungiu para evangelizar os pobres. Enviou-me a curar os quebrantados de coração.". (Lucas 4:18)

O Espírito Santo é uma pessoa divina, igual ao Pai e ao Filho que coexiste na Trindade com a mesma essência divina. No Antigo Testamento, as manifestações do Espírito Santo aconteciam de tempo em tempo, de acordo com as necessidades e circunstâncias especiais. No Novo Testamento, a manifestação do Espírito, a partir do Dia de Pentecostes. Desceu para viver na vida da Igreja de Cristo e guiá-la neste mundo. Neste primeiro capítulo vamos identificar e conhecer o Espírito Santo, a terceira Pessoa da Trindade, estudando sua Deidade, Personalidade, suas operações e manifestações.

Segundo as Escrituras. A dispensação do Espírito é para todo o tempo da vida da Igreja na terra até a volta do Senhor Jesus. A importância da doutrina. Os opositores do pentecostalismo declaram que os pentecostais dão ênfase exagerada à doutrina do Espírito Santo em detrimento das demais doutrinas. Entretanto, a ênfase dada a essa doutrina fortalece a crença nas demais, porque esta é o motor que dinamiza a Igreja.

Que a faz andar e cumprir o seu papel missionário no mundo. Assim como a Igreja não é Igreja sem Cristo, também, Cristo enviou o Espírito Santo para que o seu nome fosse glorificado na Igreja (Jo 14.16,17). Uma igreja cristã autêntica não ostenta apenas a doutrina do Espírito Santo em detrimento das demais. Pelo contrário, ela tem no Espírito Santo a chave para a compreensão das demais doutrinas. — CABRAL, Elienai. Movimento Pentecostal. As doutrinas de nossa fé. Rio de Janeiro: CPAD, 2011. P6

É, portanto, de suma importância que os líderes, mestres e pastores de nossas igrejas se comprometam em explicar certas diferenças entre as inúmeras doutrinas difundidas no mundo moderno.

Iluminando cada vez mais o entendimento dos cristãos sobre o valor e a necessidade que temos de compreender estes detalhes da vida cristã, mesmo que pareçam inofensivos, para que não venhamos a ser ludibriados a seguir por caminhos obscuros nessa época onde a apostasia domina o mundo e confunde a fé dos escolhidos.

Não esqueçamos do aviso dado pelo Mestre a respeito da capacidade que teriam os falsos profetas de enganar os convertidos. Segundo Jesus, eles seriam tão sagaz em tentar convencer seus ouvintes a crê em suas mensagens malignas.

Que usariam de todas as armas de convencimento disponíveis para alcançar seus objetivos e enganariam a muitos, até os escolhidos (Mateus 24:24) É chegada essa época de heresias e enganos, os falsos mestres já estão na terra, semeando suas falsas mensagens e corrompendo aqueles que não estão vigilantes.

Cabe a igreja do Senhor Jesus preparar-se para a batalha espiritual que desde os primórdios do cristianismo já era anunciada, primeiramente por Jesus e depois pelos apóstolos. O mundanismo e seus conceitos de relativismo já adentrou em nossos templos e fez cadeira cativa em muitos de nossos púlpitos. Pastores da corrupção lideram e conduzem nossos irmãos rumo ao abismo espiritual. Aceitando as inovações seculares que os incrédulos propõem a nossos jovens, que confusos por não receberem uma doutrina eficaz se tornam presas fáceis nas garras de satanás. As religiões pentecostais perdem terreno para as neopentecostais a cada novo ano. Parece que nossas lideranças pararam de se preocupar com a responsabilidade que nos foi dada.

De conduzir almas ao Reino de Cristo e livrar os pecadores dos grilhões do Diabo, e prenderam-se apenas na visão materialista e gananciosa imposta pelas novas tendências religiosas do século em que estamos. Não vamos nos enganar. A bandeira da fé pentecostal no Brasil está a meio mastro. As pessoas se apegaram rapidamente a essa nova forma de adorar a Deus, reunindo-se em grandes templos, cercadas de luxo e conforto, além das promessas de curas, milagres e enriquecimento fácil que o NeoPentecostalísmo ensina e garante acontecer.

Enquanto nós, antigas raízes do pentecostalismo ainda nos agarramos a esperança do retorno de Cristo e o arrebatamento da igreja, os novos cristãos pararam de olhar para os céus à espera do Senhor e fixam seus olhos paras as riquezas e a luxúria deste mundo. Podemos, portanto, afirmar que a doutrina da prosperidade criada pelos que se opõem a fé pentecostal é uma clara evidência de blasfêmia.

Contra aquele que no dia de pentecostes desceu em glória e poder sobre os que ali se reuniam, como um vento tempestuoso e com a manifestação de labaredas de fogo, distribuindo entre os irmãos da igreja primitiva vários dons, como o de profecias e o falar em línguas. Dando-lhes, também, poder e ousadia para pregar o Evangelho a reis e imperadores.

Confrontar os inimigos da cruz. Para curar, expulsar demônios e ressuscitar os mortos. Poder para livrar os encancerados do pecado e das correntes do inferno pelo nome santo de Jesus. Toda essa força e coragem espiritual recebida pelos precursores da igreja veio do Consolador. Aquele que o Senhor enviou para garantir que as portas do inferno não prevalecessem contra a sua igreja.

E somos nós, os legítimos pentecostais, os herdeiros dessa importante benção vinda dos céus. A blasfêmia contra o Espírito Santo é uma rejeição total e contínua de Deus e é o único pecado que não tem perdão. Quem blasfema contra o Espírito Santo o rejeita completamente, não chegando nunca ao arrependimento. Jesus disse que todos os pecados serão perdoados, exceto a blasfêmia contra o Espírito Santo (Marcos 3:28-29).

A Bíblia não diz exatamente o que é a blasfêmia contra o Espírito Santo mas podemos entender o que significa pelo contexto. Os fariseus tinham acusado Jesus de expulsar demônios pelo poder de Belzebu, o príncipe dos demônios. Jesus lhes explicou que isso era ridículo, porque Satanás não trabalha contra si mesmo. Jesus também avisou que só há dois lados: quem não está com ele está contra ele (Mateus 12:30-31).

Depois ele disse que todo o pecado, exceto a blasfêmia contra o Espírito Santo, seria perdoado. Veja também: o que é blasfêmia? A blasfêmia é um insulto a Deus, ou rejeitar Deus de forma consciente. Mas Jesus disse que até a blasfêmia poderia ser perdoada. Apenas a blasfêmia contra o Espírito Santo não será perdoada.

Mateus 12:32 explica que a blasfêmia contra o Espírito Santo é falar contra o Espírito Santo. Falar contra significa se opor, rejeitando ativamente. Contra toda a evidência, os fariseus estavam rejeitando Jesus. Mas Jesus disse que até isso poderia ser perdoado. O verdadeiro perigo é rejeitar o Espírito Santo. A função do Espírito Santo é convencer do pecado e levar ao arrependimento. Para ser salvo, a pessoa precisa se arrepender dos seus pecados (João 16:7-8; Atos dos Apóstolos 3:19-20).

Por isso, quem blasfema contra o Espírito Santo não pode ser perdoado porque rejeita a convicção do Espírito e o arrependimento. Rejeitar o arrependimento é blasfêmia porque insulta Deus, que deu tudo para trazer a salvação e a libertação do pecado. Será que cometi blasfêmia contra o Espírito Santo? Se você está arrependido, então não cometeu blasfêmia contra o Espírito Santo. Jesus NUNCA rejeita quem vem a ele. Confesse seu pecado e você receberá perdão (João 6:37; 1 João 1:9).

Ainda tem dúvidas? Veja aqui: como posso saber se Deus me perdoou? Quem comete blasfêmia contra o Espírito Santo não sente remorso porque rejeitou completamente o arrependimento. A blasfêmia contra o Espírito Santo é uma rejeição total e contínua de Deus. Quem se sente triste por seu pecado.

E quer ter um relacionamento com Deus claramente não cometeu blasfêmia contra o Espírito Santo. Ainda há esperança para essa pessoa. — https://www.respostas.com.br/o-que-e-a-blasfemia-contra-o-espirito-santo/ O NeoPentecostalísmo desafia e zomba o poder e a glória do Espírito de Deus ao pregar um falso Evangelho.

Uma doutrina materialista que contradiz os ensinamentos de Cristo, conduzindo o homem a colocar-se prostrado diante do dinheiro, cultuando-o como seu único deus e senhor. Os neopentecostais são adoradores das riquezas materiais deste mundo, materialistas, sem qualquer vínculo com o divino.

Seus olhares cheios de ganância e inveja os levam a nunca estarem satisfeitos com aquilo que já possuem. Buscam dia e noite mais e mais o ouro e a prata que um dia deixarão para trás, pois não poderão levar consigo para o outro lado, e lá chegarão como pobres miseráveis, nus, descalços e sem qualquer esperança de vida eterna com Deus.

Pobres diabos, ignorantes, apóstatas da fé e renegadores do sacrifício que um dia o Filho Unigênito de Deus fez em favor deles.

1.a. O Culto Neopentecostal

Temos entendido que o propósito exclusivo de um culto é a adoração a Deus e a edificação da alma adoradora. Contudo, não se pode dizer que a igreja neopentecostal tem seguido este propósito, isto porque a ênfase destes cultos, geralmente, não é a glória de Deus.

Na "igreja neopentecostal" o conceito de culto é ambíguo, pois, ao invés de cultuar, faz-se "campanhas" de cura, revelação, prosperidade, etc. E desta forma, se Deus comparecer nestes "cultos", terá que ser para servir à agenda semanal destas igrejas e não para ser adorado.

A liturgia deles é cheia de "glória a Deus", mas é tão desvirtuada de um padrão bíblico que a ênfase recai sobre fenômenos (pouco comprovados) como curas, milagres e testemunhos muito enfadonhos que resultam mais em projeção pessoal do que em exaltação ao Senhor. E as pregações, quando não são pura aberração, são cheias de "confissões positivas" do tipo:

"Você vai prosperar, use sua fé e prospere, hoje Jesus vai te curar, Deus vai mudar sua vida..." Não existe, portanto, na maioria destas igrejas, uma exposição das Escrituras sequer razoável, capaz de tirar o leigo da ignorância teológica total.

Por este fato, quase sempre a palavra do líder passa a ter um valor relativo ao da Palavra de Deus. E, o que ele determina, passa a ser seguido como regra de fé e prática. E esta valorização da "tradição oral" não difere muito da atitude de uma igreja que se chama primitiva.

Cujo chefe supremo é considerado infalível no que fala e somente agora, por pressão evangélica, é tolerante com a leitura bíblica. Outro problema é o que o culto neopentecostal, que não tem espaço para a adoração, se corrompe mais ainda com a demasiada cobrança de oferta dos fiéis (quase sempre prometendo a estes soluções da parte de Deus) o que tem dado a estes "cultos" um caráter mercantilista e explorador. Não somos contrários a se pedir ofertas, diga- se de passagem, mas não concordamos com a falta de bom senso e critério bíblico na administração destas coisas no culto a Deus.

1.b A Evangelização Neopentecostal

A evangelização do movimento neopentecostal apresenta uma problema seriíssimo que é o proselitismo (NOTA 5), uma característica inconfundível de uma seita. Muitos deles são do tipo que "pescam no aquário dos outros" por alimentarem a crença de que são os detentores da verdade, enquanto os demais estão enganados.

A igreja verdadeira não faz prosélitos, faz "convertidos que são discípulos". A busca do crescimento numérico por meio do proselitismo é no mínimo insensata, pois podemos até persuadir alguém a ser um religioso, mas só Deus pode transforma-lo em nova criatura. Às vezes penso que as campanhas evangelísticas de nossos dias têm mais aparência proselitista do que evangelística. Afinal, a maioria delas é realizada para crentes. Outro problema relacionado a evangelização do movimento neopentecostal. É a exagerada dependência da mídia. O uso da mídia é, sem dúvida, muito importante para a igreja, mas a dependência da mesma significa a insubordinação ao Espírito. Antigamente a igreja crescia sob a influência do Espírito.

E trabalho de evangelização pessoal. Hoje a estratégia de algumas igrejas tem sido a de colocar um anúncio apelativo no rádio ou televisão, convidando as pessoas e prometendo-lhes a solução de seus problemas. E perguntamos, qual igreja que promete cura, paz, prosperidade.

E solução de conflitos familiares, que não vai crescer? Contudo, praticando isto a igreja deixa de ser igreja do IDE e passa a ser igreja do VINDE, a evangelização passa a ser estratégia de marketing e os que se "convertem" para a igreja, passam a ser clientes e não ovelhas.

1.c. O Ofício Ministerial Neopentecostal

Enquanto nas igrejas históricas os candidatos ao ministério pastoral passam por uma preparação e zelosa avaliação quanto ao caráter e chamado, no movimento neopentecostal, qualquer um pode ser "pastor". Os critérios baseiam-se em saber pregar, falar línguas estranhas, ter sido revelado, etc

Por esta razão, muitos líderes neopentecostais são tão desvirtuados dos caracteres de um verdadeiro homem chamado ao ministério. Poucos são aqueles que tem alguma preparação teológica. Segundo Paulo, as características de um homem apto para o ministério devem estar relacionadas ao seu caráter irrepreensível, com sua capacidade de ensinar.

Com sua boa administração do lar, com sua competência nos relacionamentos, com sua boa conduta para com o mundo, etc (1 Tm 3). Além do mais cada pastor neopentecostal é livre pensador, ou seja, pode pregar o que acredita, sem a supervisão de ninguém, o que favorece ao surgimento de tendências heréticas e inovações doutrinárias no meio deles. E quando são questionados por alguma autoridade, se revoltam e abrem suas próprias igrejas dirigindo-as como bem lhes apetece.

Tendo falado sobre a questão eclesiológica da igreja neopentecostal, apresentaremos agora alguns pontos teológicos questionáveis que eles sustentam. A blasfêmia contra o Espírito Santo tem sido motivo de discussões teológicas e de dúvidas entre os cristãos,

Que desejam saber até onde seus atos podem significar este pecado tão terrivelmente imperdoável por Deus. O Senhor Jesus não foi bastante claro quanto a isso, deixou um grande vazio em suas palavras e cada pesquisador da Bíblia Sagrada desenvolve.

Seu próprio raciocínio quanto ao que pode levar o crente a cometer tal erro incorrigível. Porém, podemos entender que a blasfêmia está inteiramente ligada ao contínuo desrespeito a Deus, ao descaso diante de suas repetidas advertências quanto a prática de um determinado pecado, a insistência do ser humano em não querer se render a seu convite para que se arrependa e se volte para o Criador.

Também pode estar ligado a vida dúbia da igreja, por vez adorando ao Senhor e, em outras ocasiões, seguindo os costumes mundanos. Enfim, toda e qualquer rebelião ou falta de temos diante de Deus pode ser um motivo da perda total da salvação, então que todos nós possamos refletir nesse tema em particular e ter cuidado para não cometermos tal desventura.

Capítulo 5
Desafio da Igreja Cristã na Pós – Modernidade

DESAFIOS DA IGREJA CRISTÃ NA PÓS-MODERNIDADE

I- A Igreja Cristã No Contexto Pós – Moderno

A Igreja está inserida num contexto em que houve uma ruptura com a cultura de valores éticos, moral e espirituais. Isso revela a face perversa do mal que afeta a sociedade como um todo, e que acaba tentando afetar também a cultura da igreja do Senhor (Romanos 12:2).

Ainda é possível verificar que o atual contexto histórico de sociedade é evidenciado por uma geração sem referência, sem reverência e sem limites, relativista, narcisista, hedonista, céticos e ao mesmo tempo moralistas. Outro sim, o Apostolo Paulo agora admoesta escrevendo (2 Timóteo 3: 1-5)

Reforça a tese dos desvios de comportamento típico dos tempos atrelados aos últimos dias."Sabe, porém, isto: que nos últimos dias sobrevirão tempos trabalhosos. Porque haverá homens amantes de si mesmos, avarentos, presunçosos, soberbos, blasfemos, desobedientes a pais e mães...

Ingratos, profanos, Sem afeto natural, irreconciliáveis, caluniadores, incontinentes, cruéis, sem amor para com os bons, traidores, obstinados, orgulhosos, mais amigos dos deleites do que amigos de Deus. Tendo aparência de piedade, mas negando a eficácia dela. Destes afasta-te." Importante ressaltar, pois o texto supracitado faz referência a um cabedal de adjetivos típicos de homens caídos da graça. Não é de se admirar, pois os primeiros homens já agiram perversamente a ponto do Senhor tomar uma atitude de trazer juízo. Como descreve (Genesis 6:5)

"E disse o Senhor:

Destruirei o homem que criei de sobre a face da terra, desde o homem até ao animal, até ao réptil, e até à ave dos céus; porque me arrependo de os haver feito." Para Gilberto (2007,p 30) considera que: "nos dias de Noé a situação era muito grave" É perceptível, que o resultado da ação do homem trará o mesmo efeito de juízo.

Pois a consequência da ação humana dependerá inteiramente de sua livre escolha (livre arbítrio). Nesse viés, mostra-se com muita evidência, por analogia de interpretação intertextual que o Senhor fará novamente um acerto de contas com o homem, só que a arca de Noé aponta hoje para Cristo, o único caminho para essa geração!

Diz **CASTRO (2008. pag.28)** "A sociedade pós-moderna é corrupta, imoral, voltada à relativização da ética cristã e a contemporização dos fatos, sempre buscando minimizar o pecado e maximizar a misericórdia em detrimento da justiça de Deus". "A geração Pós-Moderna é uma geração sem conteúdo, sem profundidade, que preza pelo hedonismo, niilismo e o narcisismo."

Esta nova sociedade é marcado pela ruptura dos valores absolutos e tem como pano de fundo a cultura hedonista, bem como, ao retorno da centralidade do homem. Observa-se que há um novo comportamento que paira sobre esta sociedade, até mesmo na igreja é possível identificar um distanciamento daquele sentimento de entrega total a Cristo como fora presente nos crentes da igreja primitiva.

"No transcurso do tempo, entretanto, conforme a igreja aumentou em número e em popularidade, o batismo nas águas e a doutrinação tomaram o lugar da conversão." Considerando que os comportamentos da sociedade atual divergem daquela já apresentada no plano textual apontado nos fatos bíblicos consoante ao tema central em discurso.

Pois, na medida em que se compreende a dimensão do fator do pensamento liberalizante, ou seja, e evidencia qual o grau de deturpação do comportamento humano corrompida pela cultura da licenciosidade moral, e deplorada de maneira insana pela devassidão do pecado.

Ademais que não são poucos os teóricos que discute a temática da pós-modernidade até porque se forja um pensamento abissalmente distante da moral da filosofia cristã que se fundamenta no plano histórico da teologia bíblica, bem como do pensamento da Igreja Primitiva.

Ou seja, o pensamento conservador da ética medieval judaico-cristão deveria ser apreciado, sobretudo os valores por essa geração. Reforça: **CASTRO (2008, p.33)**: "não pode, de forma alguma, o cristão evangélico trair seu principio doutrinário, pois se fosse assentida a traição ao princípio doutrinário, estar-se-ia à beira da ruína de toda filosofia cristã.

E que resultaria a inutilidade de persistir em busca do ideal cristão (transformação – santificação).". Lopes apud Antônio Tadeu Ayres (1998, p. 6), em seu livro "Como Entender a Pós-Modernidade", nos adverte de que o momento que a Igreja de Cristo está inserida é marcado pelo rompimento das fronteiras sociais, desmantelamento dos sistemas, quebra de tabus, nova moralidade, novos critérios éticos e a destruição dos sistemas de valores presentes nas gerações passadas.

Essa ruptura dos modelos de referências revela uma face perversa do mundanismo em que se idealiza um comportamento social liberalizante, a relativização atua como película de suavização do erro, ademais o que importa é ser feliz (Ética hedonista).

Para **BARTH (2007.pag.04)** o perfil do homem moderno "É frio, não acredita em quase nada, suas opiniões mudam rapidamente e deixou para trás os valores transcendentais. Corrobora **SANTOS (2017)**, quando diz: "A Igreja que ainda se preocupa com a ética, a moral e a formação de caráter, com a família tradicional como modelo e alicerce social.

" Sumariamente, é imprescindível ressaltar que o papel do cristianizado enquanto igreja do Senhor. não se pode esconder uma cidade edificada sobre um monte;" Portanto, é fato conclusivo que todo cristão deve resplandecer a luz de Deus em meio a este mundo corrompido, e destituído da glória de Deus. Compreende-se, pois ser gratificante e compensador trilhar o caminho "estreito" e "apertado" Pois afinal, nada adianta alimentar uma falsa sensação de posse, e nada ter (igreja de Laodicéia) (Ap 3:17).

É exatamente a não conformidade com o mundo que combate a mornidão que era uma condição associada à igreja de Laodicéia, deva ser apontada como exemplo para o despertamento da igreja cristã atual (Ap 3:15)?

II – A IDENTIDADE DA IGREJA CRISTÃ.

Para compreender o conceito da identidade cristã é necessário conhecê-la num sentido lato senso, sua cosmovisão, natureza espiritual, visão e missão para qual foi constituída! Sabe-se que na Antioquia foram os discípulos, pela primeira vez, chamados cristãos."

Sabe-se que o nome de cristão não foi um nome auto declaratório, entretanto essa nomenclatura foi uma atribuição dada como testemunho de quem observava de fora. Ora, muitos andavam com o mestre até mesmo o seguia de perto e era discípulo, apesar disso não havia passado pelo processo do novo nascimento vindo a traí-lo (Lucas. 22:47).

Entretanto, sabidamente evidencia-se a relação filial como marca daqueles que foram regenerados e nascidos de Deus conforme (1º João 3-1) "Vede quão grande amor nos tem concedido o Pai, que fôssemos chamados filhos de Deus." Com base na conceituação de igreja cristã, e tomando como referência o sentido ampliado.

Bem como a considerar a raiz etimológica da conceituação do termo é: (do grego εκκλησία [ekklesía] através do latim ecclesia) é uma instituição religiosa cristã separada do Estado, ou uma comunidade de fiéis ligados pela mesma fé e submetidos aos mesmos "dirigentes espirituais". Neste ponto de vista a "Igreja" é uma palavra de origem grega escolhida pelos autores da Septuaginta (a tradução grega da Bíblia Hebraica).

Para traduzir o termo hebraico q(e)hal Yahveh, usado entre os judeus para designar a assembleia geral do "povo do deserto", reunida ao apelo de Moisés. No ponto de vista de unidade corporal a Igreja é o corpo, enquanto que Cristo é a cabeça, e nessa conjugação integrativa, sabidamente o corpo é guiada e dirigida em graça para o crescimento e aperfeiçoamento dos santos como parte individual (membro) deste corpo.

Assim sendo, é natural que uma vez integrada ao corpo de Cristo, produza-se um sentimento de pertencimento ao corpo, que bem ajustado e alinhado a vontade perfeita de Cristo dá abundantes frutos! Ainda neste mesmo sentido, o corpo também pode ser compreendido em sua justaposição na composição de vários membros, e neste panorama tipifica-se como a Igreja do Senhor, ou seja, a assembleia universal dos santos.

Conforme o traslado do texto de (1ª Reis 8:11) "de forma que os sacerdotes não podiam desempenhar o seu serviço, pois a glória do Senhor encheu o seu templo." a atenção a que nos remete o transcrevo textual do Antigo Testamento, é que o Senhor havia abençoado a igreja, e que sua glória ali permaneceria presente.

Outro termo para apresentar a igreja é koinonia, esta revela o caráter da coletividade da mesma em comunhão. Em Oseias é notório perceber este amor no plural revelado no singular "Oséias com sua teologia de amor prepara o pano de fundo para a ideia do Novo Testamento de que a existência só é percebida num relacionamento com Deus, e a vida mais completa é percebida na koinonia (comunhão de amor)".Nesse aspecto denota o caráter coletivo singularizado pela cosmovisão da igreja enquanto a Noiva de Cristo.

A redimida, a eleita e escolhida do Pai para o casamento com o Filho. (Efésios 5: 25- 27) estabelece: "Maridos, amem suas mulheres, assim como Cristo amou a igreja e entregou-se a si mesmo por ela para santificá-la.

Tendo-a purificado pelo lavar da água mediante a palavra, e apresentá-la a si mesmo como igreja gloriosa, sem mancha nem ruga ou coisa semelhante, mas santa e inculpável." Nesse sentido, a igreja está inserida no mundo, mais não vive segundo os preceitos do mundo, que ora se encontra espiritualmente caído.

"A igreja, portanto, precisa de um elevado padrão moral para que tenha relevância sobre a sociedade e exerça influencia sócio-cultural suficiente para o correto balizamento da moral social". Sem a Igreja ou sem que esta exerça sua influência positiva, a sociedade perde o seu "norte" e acaba se mantendo na imoralidade mórbida, o pecado toma conta e a sociedade perece.

Enquanto que o pensamento preponderante da igreja primitiva conduzia os irmãos a um nível pleno de compartilhamento e que serve de baliza para a igreja da atualidade, mesmo que num sentido de contexto sócio-cultural completamente diferente, mas na essência o sentimento da igreja de unidade deve ser análogo (comunhão de amor fraternal).

III- DESAFIOS DA IGREJA CRISTÃ PARA VENCER O SINCRETISMO RELIGIOSO.

Entender a visão e a missão da igreja é, portanto fundamental para não perder o foco e a estratégia da expansão do evangelismo integral! A partir desta conjuntura, é relevante considerar que os desafios apontados em tela, como desafios da igreja cristã são atípicos da igreja primitiva?

Em alguns aspectos sim, pois, se dar num contexto sócio histórico totalmente diferente em termos de sociedade. Apesar de que algumas problemáticas permanecem disfarçadas por aspectos de piedade mais no fundo negam-se a fé. "A igreja hoje ainda enfrenta o mesmo problema. Filosofias não-cristãs, como o marxismo ou o existencialismo buscam o poder do cristianismo

Enquanto renunciam àquilo que é unicamente cristão. O sincretismo continua sendo poderosa ferramenta para separar Deus de seu povo2. Sabe-se que a prática do sincretismo religioso é tão antiga quanto à origem do homem (Genesis 6:1-4), entretanto, Moisés adverte sobre o sincretismo! Entre ti não se achará quem faça passar pelo fogo a seu filho ou a sua filha.

Nem adivinhador, nem prognosticador, nem agoureiro, nem feiticeiro; Nem encantador, nem quem consulte a um espírito adivinhador, nem mágico, nem quem consulte os mortos; Pois todo aquele que faz tal coisa é abominação ao Senhor; e por estas abominações o Senhor teu Deus os lança fora de diante de ti.(Deuteronômio 18: 10-12).

Ainda, conforme (Juízes 2:13) e conforme o traslado textual de (1º Reis 11:33): "Porque me deixaram, e se encurvaram a Astarote, deusa dos sidônios, a Quemós, deus dos moabitas, e a Milcom, deus dos filhos de Amom; e não andaram pelos meus caminhos. Para fazerem o que é reto aos meus olhos, a saber, os meus estatutos e os meus juízos.

Como Davi seu pai." Notadamente houve consequências amargas ao povo da promessa em razão dessa escolha terrível de abandonar ao Senhor, mais tarde deixaram toda mistura e se voltaram para Deus (Neemias 13:3).

Também há uma inclinação perversa para a aceitação de sincretismos filosóficos (sofismas) do qual o Senhor já havia advertido por intermédio de seus apóstolos (Mateus 7:13-17) Observar os mandamentos do Senhor são necessários, não se pode fazer vista grossa com relação essa temática, tampouco abrir as portas de nossas igrejas a esse ecletismo religioso que ora se ver inserida no meio das igrejas. O Cristianismo no Novo Testamento não é uma religião ritualística.

A essência do Cristianismo é o contato direto do homem com Deus por meio do Espirito. Portanto, não há ordem de adoração dogmática e inflexível, antes permitindo à igreja, em todos os tempos e países, a liberdade de adotar o método que seja mais adequado, para a expressão de sua vida. não obstante, há duas cerimônias que são essenciais, por serem divinamente ordenadas, a saber, o batismo nas águas e a Ceia do Senhor."

(PEARLMAN. 1996. Pág., 221).

Sabe-se que a igreja cristã tem como ancora de sua base doutrinaria a fé salvifica em Cristo mediante sua morte substitutiva na cruz do calvário, porquanto isso exclui qualquer esforço humanístico, quaisquer apetrechos e elementos fora dos termos da bíblia.

Ele exclui toda possibilidade da utilização de figuras intermediarias para se chegar a Ele (1 Timóteo 2:5). Ele também condena a ausência de reverência e santidade no culto (Levítico 10:1-2). E deu poder aos seus discípulos para repreender e vencer os opositores do Reino de Deus (Atos 13:6).Em síntese, é necessários reverberar as verdades espirituais para esta geração, é tão urgente, pois, "o machado já está posta a raiz das árvores". (Mateus 3:10)

E os campos já estão brancos e prontos para a colheita"(João 4:35)! "Sem santidade ninguém verá o Senhor." (Hebreus 12:14)

IV- DESAFIOS DA UNIDADE CRISTÃ.

Diante da problemática da frequente desmembramento entre muitas igrejas cristãs é pertinente refletir sobre a temática cada vez mais frequente. Uma vez que o próprio Cristo no ápice de seu sofrimento no Getsémani faz uma oração intercessora por seus discípulos. Porque tinha clara convicção que o inimigo iria tentar despeça-los um dos outros, tentando dar cabo da unidade.

"Eu neles, e tu em mim, para que eles sejam perfeitos em unidade, e para que o mundo conheça que tu me enviaste a mim, e que os tens amado a eles como me tens amado a mim." (João 17:23).Assim, é pertinente à reflexão levantada por Paulo em (1 Coríntios 3:3,4) "Porque ainda sois carnais; pois, havendo entre vós inveja, contendas e dissensões.

Não sois porventura carnais, e não andais segundo os homens? Porque, dizendo um: Eu sou de Paulo; e outro: Eu de Apolo; porventura não sois carnais?" Consta-se que as preferências pessoais restritas a um determinado ministro, colocava em risco a unidade daquela igreja local. Assim também evidenciava o desalinhamento do pensamento da mesma.

Entretanto, houve uma orientação acertada de canalizar o foco em Cristo, e colocou igualmente aquela igreja nos trilhos da vontade do Senhor. É patente a preocupação de Paulo com relação àquela problemática apontada, pois se nada fosse feito, poderia se estabelecer um novo fundamento. Entretanto, o fundamento já estava estabelecido a saber, Cristo, a pedra angular e alicerce da Igreja. (Efésios, 2:20,21)

"Edificados sobre o fundamento dos apóstolos e dos profetas, de que Jesus Cristo é a principal pedra da esquina; No qual todo o edifício, bem ajustado, cresce para templo santo no Senhor."

Paulo centralidade tudo em Cristo, e tira o foco do homem. Conforme o fechamento do texto contido nos 21 e 23 transcritos a baixo: "Portanto, ninguém se glorie nos homens; porque tudo é vosso. Seja Paulo, seja Apolo, seja Cefas, seja o mundo, seja a vida, seja a morte, seja o presente, seja o futuro; tudo é vosso, E vós de Cristo, e Cristo de Deus." Entende-se pelo conteúdo exposto que manter unidade da igreja cristã é um desafio.

Uma luta constante. Entretanto, o próprio Cristo aponta que um reino dividido, jamais poder subsistir.

V- ASPECTOS DE LIDERANÇA CRISTÃ

A temática do discurso do perfil de liderança cristã não é uma temática simples de discutir, pois requer muita cautela para não cair no impulso de ficar no senso comum. Ou apenas apontar a crítica pela crítica, o que consequentemente não se acrescenta em nada, é, portanto, necessário apontar os limites e as possibilidades e reverberar o verdadeiro objetivo social, e espiritual da obra de liderança, que extremamente urgente, e também necessária na seara do Senhor.

A - Estilos De Liderança Jetroniano

Diante da indagação poderíamos dizer que liderar do ponto de vista da fé cristã é conduzir, motivar e influenciar pessoas a viver sob os princípios da Palavra de Deus. Como descreve o apóstolo Paulo "Porque não temos que lutar contra a carne e o sangue, mas, sim, contra os principados, contra as potestades.

Contra os príncipes das trevas deste século, contra as hostes espirituais da maldade, nos lugares celestiais." (efésios 6:12). Não se pode subestimar a influência de um líder, pois o mesmo procura conduzir pessoas, motivando, influenciando as pessoas para voluntariamente contribuam para atingir os objetivos propostos do grupo.

O estilo de liderança cristã reflete os princípios bíblicos de lidar e considerar as pessoas, bem como os motivos, ou as razões que norteiam a liderança devem ser fundamentadas nas qualidades bíblicas. Dessa forma ao refletir sobre o perfil e os princípios de liderança apresentado por Jetro, conforme (Êxodo 18:13 -27) percebe-se sua ampla utilização hodiernamente.

Ademais que ao tratar sobre liderança na era pós-moderna constitui-se um desafio, mais se apresenta como chave-mestra ancorada numa base conceitual da apologética bíblica para alcançar o êxito desejado do cumprimento da grande comissão proposta pelo Senhor no nascedouro da Igreja bíblica primitiva. Conforme (atos 2:27)

Portanto, apoiar-se-á o tema com o devido rigor metodológico meta-cientificista, cunhada numa visão dogmática da filosofia cristã. Cabe ressaltar que é necessário ressignificar as práticas e o papel de liderança na igreja cristã na pós-modernidade tomando como base o arquétipo apresentado pela igreja bíblica primitiva.

Uma vez que a universalização do evangelho e a franca expansão do evangelismo na sociedade trazem uma responsabilidade dupla do líder; Conforme (II Timóteo 2:2) "E as coisas que me ouviu dizer na presença de muitas testemunhas.

Eonfia a homens fieis que sejam também capazes de ensinar a outros." Tomando por princípios e não apenas modelos, pois estes mudam, entretanto, os princípios é um marco que se tornam axiomas.

Constata-se a partir da verificação na literatura bíblica apresentada, que a primeiro cuidado de Moisés seria conduzir o povo ao pleno conhecimento de Deus, a saber: conhecer os Estatutos, e as Leis e toda boa obra que deveria ser desenvolvida como estilo de vida baseada nas orientações contidas na Palavra de Deus.

Como consequências da exposição das verdades espirituais. A verdadeira fé seria produzida nos corações e as obras revelariam homens sinceros e de coração devotados a Deus. Sendo assim, o tempo de resposta às solicitações do povo seria em tese, resolvido mais rapidamente e a descentralização do poder de decisão.

E orientação tornaria o ofício pastoral eficiente e satisfatório. Logo, "A natureza espiritual da igreja necessita de uma liderança que esteja além dos limites do que é puramente humano que esteja disposto a pagar o preço." Dotados, portanto de adjetivos Espirituais tais como:

1º- Homens Capacitados: (2 Timóteo 1:2) "Por cuja causa padeço também isto, mas não me envergonho; porque eu sei em quem tenho crido, e estou certo de que é poderoso para guardar o meu depósito até àquele dia.

" Subordinado a compreensão do traslado textual cabe entender o estado de subserviência ao propósito da chamada integral do evangelho. Mas a nossa capacidade vem de Deus, O qual nos fez também capazes de ser ministros de um novo testamento, não da letra, mas do espírito.

São homens que refretem o exemplo da liderança, homens que motivam pelo exemplo, e jamais se mostram com ditadores, pelo contrário mostram o caminho pelo caminho que trilham (espelho)! Líderes estimulam o crescimento das pessoas desafiando-as a assumir novas responsabilidades, encorajando-as quando fracassam."

2º- Homens Tementes a Deus! (Provérbios 9:10) e (Salmos 111:10) respectivamente! "O temor do Senhor é o princípio da sabedoria, e o conhecimento do Santo a prudência. "O temor do Senhor é o princípio da sabedoria, o entendimento têm todos os que cumprem os seus mandamentos; o seu louvor permanece para sempre."

Diante das citações supramencionadas respectivamente percebe-se uma forte característica de um líder fiel, está atrelada ao nível de respeito que este confere ao Senhor. Diante desse entendimento, vale ressaltar que o atributo de temer ao Senhor faz alusão ao respeito, e a consideração como parte indissociável do caráter não apenas da pessoa do líder, mas a todos os homens. O mesmo escritor ainda descreve em provérbios 16:6 que:

Pela misericórdia e verdade a iniquidade é perdoada, e pelo temor do Senhor os homens se d esviam do pecado. A partir dessa afirmação se constrói uma visão da extrema relevância ao temor do Senhor enquanto antidoto contra o pecado, já que este é o agente causador da separação do homem de seu Deus.

3º- Homens de Verdade! (salmos 101:6)

Este é um adjetivo de muito valor do caráter do líder, pois nos faz refletir este pensamento "o homem que não tem caráter, tem um preço" ademais, Moisés necessitava confiar nos homens que estariam diligenciando com ele aquele grandiosa obra.

"Até porque, requer-se dos despenseiros que cada um se ache fiel." Reforça essa tese o Salmista quando diz em salmos 101:6: Os meus olhos estarão sobre os fiéis da terra, para que se assentem comigo;

Especialmente, demonstrar-se notoriedade àqueles que exercem algum tipo de liderança na igreja, contudo é necessário graduar com cautela os que verdadeiramente são chamados pelo Senhor, para não incorrer perigosamente a dar o cajado às mãos de homens que parentam piedosos, contudo, negam a fé.

Corrobora o sábio conselho de Salomão em (provérbios 14:27) " O temor do Senhor é fonte de vida, para desviar dos laços da morte." Em síntese, é necessário que o líder seja probo e homem de verdade.

4º- Homens que odeiam a avareza! (João 10:12,)

Neste aspecto Jetro alerta Moisés a ponderar que seus Lideres auxiliares sejam homens que não são movidos pelo amor ao dinheiro, comportamento típico de líder carnal como é o caso do Profeta Balaão.

Ou seja, escolhe homens não ambiciosos, não corruptíveis, não dadas a parcialidade, homens idôneos, que sejam capazes de julgar com justiça a causa dos mais pobres.

6) o lado negativo da ambição é o desejo incontrolável de obter bens materiais, ou posições, mesmo que a pessoa já possua essas e outras coisas. Nesta linha de raciocínio aponta o texto de (João 10:12,) "Mas o mercenário, e o que não é pastor, de quem não são as ovelhas, vê vir o lobo, e deixa as ovelhas, e foge; Partir dessa observação que o ponto culminante do exemplo apontado está atrelado à cobiça e a ambição. A Partir dessa observação que o ponto culminante do exemplo apontado está atrelado a cobiça e a ambição.

Corrobora nesse ponto de vista (Bonhoeffer apud, Jordan, 2007. pág. 8,9).Em nossos membros existe uma inclinação adormecida para o desejo que é tanto repentino quanto cruel. Com um poder irresistível, o desejo agarra o domínio sobre a carne. De repente, um fogo ardente secreto é acendido. A carne queima em chamas.

Não faz diferença se é um desejo sexual, uma ambição, uma vaidade, um desejo de vingança, um amor por fama e poder, a avareza por dinheiro ou, por fim, o estranho desejo pela beleza do mundo natural. A alegria de Deus está prestes a se extinguir dentro de nós e buscamos, a essa altura, toda nossa alegria na criatura. Deus é um tanto quanto irreal para nós.

Perdemos a noção da Sua realidade e a penas o desejo pela criatura é real. A única realidade é o diabo. Satanás não nos preenche com o ódio por Deus, mas com desconsideração para com Ele. Então, as cobiças envolvem a mente e a vontade do homem em densas trevas. Os poderes da clara discriminação e decisão são tirados de nós.

É nesse momento que tudo dentro de mim se levanta contra a Palavra de Deus. Logo, é necessário dá atenção quanto à eleição de novos lideres na congregação para não minorar a confiança que a sociedade ainda tem na Igreja do Senhor! Segundo o texto de (Lucas 17:1, 2): vejamos: "Jesus disse também a seus discípulos: É impossível que não haja escândalos, mas ai daquele por quem eles vêm!

Melhor lhe seria que se lhe atasse em volta do pescoço uma pedra de moinho e que fosse lançado ao mar, do que levar para o mal a um só destes pequeninos. "Sobre esse mote, é necessário estar alerta com alguns tipos de Liderança que pode surgir na Igreja.

Como liderança personalista do tipo "pop star". Pois esse tipo de liderança "estrelismo" só trazem prejuízos e impedem o crescimento sadio da obra do Senhor.

B- Estilos De Liderança Ratificado Por Cristo!

Notadamente Jesus refuta todos os modelos que possibilitam a centralidade no homem invertendo na sua totalidade a lógica da hierarquização do poder de liderança! Porquanto, constam-se na Sagrada Literatura (Bíblia) ser estes os verdadeiros atributos espirituais de liderança cristã e ao considerar que Jesus inaugurou um novo arquétipo de Liderança. Ademais que "Cristo rejeitou todos os conceitos mundanos de liderança" [3]: (Mateus 20:25-28)

Então Jesus, chamando-os para junto de si, disse: Bem sabeis que pelos príncipes dos gentios são estes dominados, e que os grandes exercem autoridade sobre eles. Não será assim entre vós; mas todo aquele que quiser entre vós fazer-se grande seja vosso serviçal; E, qualquer que entre vós quiser ser o primeiro, seja vosso servo.

Bem como o Filho do homem não veio para ser servido, mas para servir, e para dar a sua vida em resgate de muitos. Observando o entendimento do texto supramencionado percebe-se que Jesus propõe uma espécie de hierarquia invertida, em que o topo seria a base, ou seja, quanto mais alta for à posição, será na mesma proporção a servitude!

1º- O Líder amoroso; Conforme João 10:11: "Eu sou o bom Pastor; o bom Pastor dá a sua vida pelas ovelhas." Paulo acrescenta "sede, antes, servos uns dos outros, pelo amor" (Gl 5.13).O amor é uma virtude indispensável no exercício pastoral. (Êxodo 33:13)

"Se me vês com agrado, revela-me os teus propósitos, para que eu te conheça e continue sendo aceito por ti. (Êxodo 33:13) É notório o comprometimento do líder amoroso com os seus liderados! Hunter 2004 afirma que: "Liderança não é estilo, liderança é essência, isto é, caráter. Liderança e o amor são questões ligadas ao caráter. Paciência, bondade, humildade, abnegação, respeito, generosidade, honestidade, compromisso." .Acrescenta o autor: liderança:

É a habilidade de influenciar pessoas para trabalharem entusiasticamente visando atingir aos objetivos identificados como sendo para o bem comum. Prontamente, o que o referido autor defende são atitudes de liderança arraigadas na essência do ser do líder, tais qualidades o conduzirão a obter sucesso no desenvolvimento da ação de liderar.

2º- O Líder feliz; (Êxodo 33:13-15)

"Tive que encontrar felicidade em mim mesmo, ânimo em mim mesmo, automotivação." Disse um presidente de uma grande empresa. Para a atual sociedade essa afirmativa é acertada e pertinente, talvez até mesmo para muitos crentes, porém o foco da nossa felicidade não está em nós mesmos e o que aumenta nossa autoestima não é a autoajuda, mas a ajuda do alto.

Apoiado nesse apontamento percebe-se que o foco da felicidade do líder cristão está atrelado à vida de comunhão com Deus! É o que nos faz entender o texto de (Êxodo 33:13-15) "Agora, pois, se tenho achado graça aos teus olhos, rogo-te que me faças saber o teu caminho, e conhecer-te-ei, para que ache graça aos teus olhos; O rei Davi disse ao Senhor em (Salmos 51:11): "Não me lances fora da tua presença, e não retires de mim o teu Espírito Santo."

Portanto, a alegria do líder cristão está vinculada a uma profunda intimidade e convivência diária com Deus.

3º-O Líder Pacificador; (Hebreus 12:14) "Segui a paz com todos, e a santificação, sem a qual ninguém verá o Senhor;"

Uma característica muito marcante no líder espiritual é a capacidade dotada por Deus de estabelecer paz em suas fronteiras. A Bíblia aborda a paz como algo palpável e tangível, porquanto, algo que é semeado, plantado como cita (Tiago 3:18) Ora, o fruto da justiça semeia-se na paz, para os que exercitam a paz. Destarte, a paz não é apenas um conceito distante e impossível, pelo contrário é um estado de plenitude de Deus morando e habitando em nós pela manifestação do Espírito Santo!

4º O Líder Generoso; (Provérbios- 11:25): "A alma generosa prosperará e aquele que atende também será atendido." e o que semeia em abundância, em abundância ceifará." Verifica-se pela compreensão do texto supracitado que há uma lei universal da semeadura!

"Se você acredita realmente que Deus está conduzindo-o a fim de você uma contribuição significativa, libere todas as restrições, desamarre os nós e desenvolva o hábito de ser generoso." Ora, aquele alguém possuir recursos deste mundo, e vir a seu irmão padecer necessidade, e fechar-lhe o seu coração, como pode permanecer nele o amor de Deus? (1Jo 3:17).

Apreende-se deste versículo chave o chamamento a reflexão quanto ao aspecto da generosidade, pois entende ser nula a fé de quem não consegue se desprender de seus bens em socorro ao necessitado. Ademais que este ato altruísta eleva os irmãos a um estado de maior espiritualidade e servir de antidoto contra a mesquinhez e arrogância!

5º- O Líder Benevolente

Há afabilidade do líder cristão é tão importante quanto necessária, pois lidar com pessoas é lidar com sentimento! O líder espiritual tem que saber manejar bem as palavras, pois ser rude não combina com o chamado de liderança cristã! A Bíblia chama a atenção dos lideres carrancudos quando diz: (Ezequiel 34.4).

"A fraca não fortalecestes, adoente não curastes, a quebrada não ligastes, a desgarrada não tornastes a trazer e a perdida não buscastes; mas dominais sobre elas com rigor e dureza". Uma liderança negativa pode afetar o rebanho, quando o líder negligencia o seu grupo, o mesmo frequentemente se dispersa, o que também traz consequências amargas para o líder

"Assim diz o SENHOR Deus: Eis que eu estou contra os pastores e deles demandarei as minhas ovelhas;É necessário, pois está atento a isso, pois o Senhor é um Deus zeloso e não passará impune aquele que maltratar seus escolhidos!

6º- O Líder Humilde;4 Provérbios 22:4

O galardão da humildade e o temor do Senhor são riquezas, honra e vida. Humildade é autonegação de sí mesmo, humidade é projetar-se em Deus confirma: No mundo se busca autopromoção, diante de Deus o líder espiritual busca a autonegação. Cristo ensina que o serviço cristão baseia-se na humildade e na servitude (Mt 20.25-27).Contudo, a humildade é uma qualidade que vai desenvolvendo-se gradualmente na vida do líder quando mais perto de Cristo o líder chega mais humilde se torna. Humildade é, portanto uma capacidade dotada por Deus que nos faz vencer a soberba e o orgulho e a vontade latente que pulsa no homem de se tornar independente.

Ademais, quando o líder se humilha, reconhece suas fragilidades e sua total e plena dependência do Criador! Uma excelente definição do termo é apresentada pelo comentarista do mestrado: Humildade vem do latim humus que significa "filhos da terra".A Humildade é a virtude que dá o sentimento exato da nossa fraqueza, modéstia, respeito, pobreza, reverência e submissão.

7º – O Líder Prudente; (Mateus 10:16) "Eis que vos envio como ovelhas ao meio de lobos; portanto, sede prudentes como as serpentes e inofensivos como as pombas." É o que se verifica da leitura abaixo: Os pastores e os líderes devem constantemente ensinar os valores cristãos que torna o crente diferente do mundo.

"O guia competente quando sabe o caminho, dá tanta segurança ao grupo que faz com que a estrada certa pareça a mais natural e a melhor." Existe uma tendência humana que pende para o mal e a tentação é algo comum a todos os seres humanos, entretanto se nos sujeitarmos à vontade de Deus (Tiago 4:7)

E mortificarmos as obras da carne teremos condições plenas de vencê-las! Por todo o exposto, se mostra a prudência ser uma virtude indispensável para todo cristão e muito principalmente para o líder que certamente será espelho e referência tanto para os do caminho para os que estão de fora!

8º – O líder Fervoroso; (Hebreus 11:1): A fé é um atributo de liderança Espiritual, é um dos frutos do espirito. Fé não é automotivação, mas motivação do auto! Fé não é confiança em si mesmo, mas certeza e convicção em Deus. Fé não é ver do ponto de vista do positivismo natural, mas no sobrenatural de Deus! Fé é acreditar na palavra, viver na palavra do Senhor! (Hebreus 11:32-34):

E que mais direi? Faltar-me-ia o tempo contando de Gideão, e de Baraque, e de Sansão, e de Jefté, e de Davi, e de Samuel e dos profetas, Os quais pela fé venceram reinos, praticaram a justiça, alcançaram promessas, fecharam as bocas dos leões, Apagaram a força do fogo, escaparam do fio da espada, da fraqueza tiraram forças, na batalha se esforçaram, puseram em fuga os exércitos dos estranhos.

Muitas igrejas fracassam porque os seus líderes deixaram de crer e tornaram-se mestres em narrar desgraças ao invés de olharem com os olhos da fé as crises como oportunidades de crescimento. É, portanto, necessário que a Igreja do Senhor dê a devida atenção e valor na eleição de lideres, pois é trágica a escolha de lideres sem levar em conta critérios espirituais trazem um prejuízo colossal à eleita de Cristo!

9º – O líder Resiliente. (Filipenses 3:13-14

A resiliência é uma capacidade que todo líder cristão precisa desenvolver, pois o enfretamento dos traumas, das decepções e outros percalços da trajetória ministerial haverão de requerer do líder essa postura! É preciso, pois olhar para Cristo o Autor e Consumador da fé, que no ápice de sua dor pede ao Pai que perdoe seus algozes! A capacidade de o indivíduo lidar com problemas, adaptar-se a mudanças, superar obstáculos ou resistir à pressão de situações adversas – choque, estresse etc.

Observa-se o que apresenta Paulo aos (Filipenses 3:13-14) "Irmãos, não penso que eu mesmo já o tenha alcançado, mas uma coisa faço: esquecendo-me das coisas que ficaram para trás e avançando para as que estão adiante, prossigo para o alvo, a fim de ganhar o prêmio do chamado celestial de Deus em Cristo Jesus." Para GARCIA "O ânimo está entre o sucesso e o fracasso.

VI- O CRISTÃO E AS REDES SOCIAS: CONVERGÊNCIAS E ANTAGONISMOS.

Sabe-se que a cultura da digitalidade é uma realidade da sociedade pós-moderna, a dinamicidade das comunicações simultâneas estreitam as distancias e dão a impressão de que as pessoas estão mais próximas uma das outras. Contudo, há de se ressaltar que a descoberta da internet trouxe muitos benéficos à evangelização integral em massa.

Mas com ela também se vislumbrou uma serie de novos paradigmas comportamentais, sabidamente, é necessário alertar o rebanho de Cristo sobre a superexposição e a participação excessiva nas "redes sociais". Destaca-se, que o surgimento das redes sociais inaugurou uma nova forma de comunicação decentralizada.

E compreendida como uma rede aberta, democrática e que devido sua capilaridade. Tende a convergir para ser componente indispensável na evangelização integral nessa geração digital! de fato inegável, que a internet alavancou o campo das comunicações e inaugurou uma nova cultura, que é denominada de cultura de redes, entretanto,

há de se ressaltar que se exacerbar no uso, pode se tornar nociva e tirar do foco o verdadeiro alvo do cristão. Neste novo arranjo promovido pela cultura de redes sociais, é preciso promover urgentemente a evangelização integral e universal, até porque, a própria estrutura das redes sociais pode promover e permitir a evangelização em massa. Ao tratar sobre rede sociais é preciso observar a definição de **ROSSETTI (2005),** define redes sociais como: "Redes são orgânicas.

Alcançam tanto sucesso no mundo dos negócios porque se adaptam às mudanças do ambiente, além de reunir num coletivo diversas competências, habilidades e conhecimentos.".

A grande questão reside exatamente nesse aspecto o cristão necessita produzir e compartilhar conteúdos edificantes abalizadores de uma pedagogia capaz de reproduzir nas pessoas reflexão a santidade. Logo, a navegação em sites torna-se uma constante e discursivo em que significados são compartilhados.

E conhecimentos são postos em clivo, rediscutidos e renegociados numa lógica onde são postos limites e possibilidades. Não há contra argumentação quanto ao poder de ajuntamento que as redes possibilitam, entretanto é preciso ler nas entrelinhas quantos as intenções que se promovem nas redes.

Andrade (2016. pág. 56) adverte que: "hoje, discretamente, a geração digital acessa sites imorais, cujo conteúdo serve para alimentar as concupiscências mais grosseiras, baixas e abomináveis." apesar desse comportamento apontado, não há evidencia de generalizações, existe também muitos irmãos que utilizam as redes para pescar almas para o reino real de Cristo! Deste modo, é relevante considerar que os cristãos devam utilizar-se das redes sociais de maneira equilibrada.

Moderada, para que a rede não se torne a pedra da frieza espiritual, e um verdadeiro obstáculo no relacionamento com Deus. Que o nosso fio conectado no mundo virtual não seja infectado pelo vírus da falsa doutrina, mas integrado ao fio da comunhão e intimidade com Deus, para que os navegantes da era digital "vejam nossas boas obras e glorifiquem a Deus" (Mateus 5.16).

Entretanto, é preciso que os evangelistas da "última hora" semeiam a palavra por meio das redes sociais tenham o conhecimento pleno da palavra de Deus para não semear heresias e vírus doutrinários! A literatura sagrada sustenta em (1 Coríntios 15:19) que: "Se esperamos em Cristo só nesta vida, somos os mais miseráveis de todos os homens."

Portanto, ao transcendermos para a eternidade observa-se que valeu a pena amar a Deus sobre todas as coisas! Seria muita pretensão pensar em exaurir este assunto, no entanto temos a ousadia de fazer apontamentos na tentativa de responder a inquietações surgidas a partir dos estudos das disciplinas do curso.

Bem como, pela necessidade reflexão sobre a temática da dissertação. Onde estiver um pecador, aí estaremos nós, real ou digitalmente, para a anunciar que Jesus Cristo salva, batiza com o Espirito Santo, cura as enfermidades e, em breve, virá buscar-nos" Igualmente, a postura frente aos problemas apontados aqui.

Como a influência do pensamento capitalista e de lideres sem "visão espiritual", usam a igreja como fonte de lucro e objeto de barganha. Contudo, é factível o exímio esforço de muitos líderes que mantem uma postura de zelo doutrinário e em defesa da fé tornam-se abnegados a cumprir seu papel de grande relevo social.Na garantia de resgate de milhares de vida que outrora estavam caminhando a passos largos ao encontro do fim.

Por fim, a partir dos estudos realizados, fica evidente a contribuição da teologia bíblica dentro da sociedade, uma vez que, é imprescindível não só para o trabalho do teólogo, mas, principalmente para reverberar o plano de salvação de Cristo para a humanidade.

E contribuí para evangelização integral e resgatar a dignidade humana, o lócus da pesquisa busca promover uma educação Cristocêntrica alicerçada na formação integral de todos.

— *Autor: Humberto Chaves da Rocha — Presbítero da Assembleia de Deus. Técnico em Gestão do Agronegócio (IF-TO). Compositor e Músico Cristão (OMB). Licenciado em Pedagogia pela Universidade Federal do Tocantins (UFT). Especialista em Educação de Jovens e Adultos (UFT) .Mestre em Teologia Livre (FTN). Palmas, Tocantins, Brasil.*

contatobetochaves@gmail.com

Conclusão

Sabemos que toda essa hipocrisia religiosa que impera em nossas igrejas é fruto do que antecipadamente nos advertiu Jesus Cristo sobre o surgimento dos falsos profetas neste mundo, quando se aproximasse o final dos tempos. De acordo com suas afirmações, estes metres do engano mudariam a verdade em mentiras e fariam do evangelho um negócio para enriquecerem. As religiões modernas nada mais são do que uma poderosa fonte de renda, onde seus líderes espirituais ficam milionários do dia para a noite com a doutrina dizimista que, de acordo como o que podemos comprovar ao ler o Novo Testamento, não foi imposto por Cristo as igrejas da Nova Aliança.

Biografia

O autor é pastor evangélico, PHD pela Faculdade de Teologia das Assembleias de Deus/ Membro do CPB – Comissão de Pastores do Brasil/ CADB – Convenção das Assembleias de Deus do Brasil. Palestrante, Escritor, com diversos outros títulos publicados sobre as Sagradas Escrituras.

Bibliografia

Bíblia na Versão Almeida Revista e Corrigida

Ellen White, O Conflito dos Séculos – Apologia de Tertuliano, parágrafo 50

D'Aubigné

Ellen White – O Conflito dos Séculos – O Valor dos Mártires

Ellen White – O Conflito dos Séculos – Os Príncipes Aderem a Verdade

IEADP, Org. (2016) "O Adolescente e a sexualidade". Jovens e Adolescentes, nº 2: 1-6 https://www.ieadpe.org.br/index.php/departamentos/jovens-e-adolescentes/1442-o-adolescente-cristao-e-a-sexualidadeCASA, Ministério. (2016), "O Pecado da lascívia". Nova Vida, n° 2: 1-2

CAMPOS, Heber. (2005), "Imoralidade sexual: existe tal coisa?". Ultimato. N° 3: 1-3

JR, Haney. (2008), "Nova ciência como o sexo casual está afetando nossos filhos", n° 1: 1-3

EDWARD, Gene. (2013), Tempos Pós Modernos, São Paulo: Cultura Cristã,

FERREIRA, Sidinei. (2018), "Apostasia – O Declínio da Fé". Artigos Gospel Prime, n° 2: 10

TORRALBO, Samuel. (2014), "A Missão da Igreja". Artigos Gospel Prime, n° 1: 5

PORTELA, Solano. (2005), "Retratos de Uma Sociedade Sem Deus". http://www.solanoportela.net/artigos/violencia.htm

HERVAL, José. (2017), "O dna da corrupção infelizmente está em cada um de nós". Jus Brasil https://joseherval.jusbrasil.com.br/artigos/395382542/o-dna-da-corrupcao-infelizmente-esta-em-um-cada-um-de-nos

GUIZZO, Affonso. (2016), "Mobilização Social e Controle da Corrupção". Jus Brasil – em anexo: https://joseherval.jusbrasil.com.br/artigos/395382542/o-dna-da-corrupcao-infelizmente-esta-em-um-cada-um-de-nos

NOBLE, Perry. (2011), "Vamos ser sinceros, a imoralidade está na igreja". https://noticias.gospelmais.com.br/pastor-faz-serie-de-pregacoes-sobre-sexo-e-afirma-vamos-ser-honestos-a-imoralidade-sexual-esta-na-igreja.html

Materialgospel.com.br/as-doutrinas-dos-fariseus-e-saduceus/ CABRAL, Elienai. Movimento Pentecostal. As doutrinas de nossa fé. Rio de Janeiro: CPAD, 2011. P6

Bíblia de Aplicação Pessoal, Rio de Janeiro: CPAD, 2° edição, p 1494, 2004

https://www.respostas.com.br/o-que-e-a-blasfemia-contra-o-espirito-santo/

http://solascriptura-tt.org/Seitas/Pentecostalismo/PontosDiscutiveisNeopentecostais-Marinho.htm

ALBIAZZETTI, Giane. Homem, cultura e sociedade/ Giane Albiazzetti, Márcia Bastos de Almeida, Okçana Battini. São Paulo: Pearsom Education do Brasil, 2013.

BAUMAN, Zygmunt. Modernidade líquida. Rio de Janeiro: Zahar, 2001.

CASTRO, Antonio Sergio Ferreira Barroso. Aspectos Legais da Disciplina na Igreja. 1ª edição. Rio de Janeiro. Editora Sabre. 2008.

CÉSAR, Marília de Camargo. Feridos em nome de Deus. 1ª edição. São Paulo. Mundo Cristão. 2009.

CHIAVENATO, Idalberto Chiavenato, Administração de empresas: uma abordagem contingencial. 3ª edição, São Paulo: Makron Books, 1994.

CHIAVENATO, Idalberto. Recursos humanos na empresa – pessoas, organizações e sistemas. São Paulo: Atlas, 1998.

FERREIRA, A. B. H. Novo dicionário da língua portuguesa. 2ª edição. Rio de Janeiro. Nova Fronteira. 1986. P. 915.

GITOMER, Jeffrey. Estratégico Livro da Liderança. As 12,5 Forças dos Líderes Responsáveis, Confiáveis e Notáveis que Criam Resultados, Recompensas e Resiliência/ Jeffrey Gitomer. São Paulo. M. Books do Brasil. 2012.

GONÇALVES, Josué Gonçalves, 37 Qualidades do líder que ninguém esquece. 1ª edição, São Paulo: Mensagem Para Todos, 2008.

HUNTER, James C. O monge e o executivo: uma história sobre a essência da liderança. 15. ed. Rio de Janeiro: Sextante, 2004.

JORDAN, Joe, Não morda a isca: triunfando sobre a tentação/ Joe Jordan; tradução Enrico Pasquine – Porto Alegre: Actual Edições. 2007.

Lições Bíblicas, Rio de Janeiro: Cpad: 3º Trimestre de 2016.

Lições Bíblicas, Rio de Janeiro: Cpad: 3º Trimestre de 2011.

Lições Bíblicas, Rio de Janeiro: Cpad: 2º Trimestre de 1992.

PEARLMAN, Myer, Conhecendo as doutrinas da Bíblia. Traduzido por Lawrence Olson – São Paulo: Vida. 1996.

O sagrado e as construções do mundo: roteiro para aulas de introdução à teologia na Universidade/ Lorenzo Lago, Haroldo Reimer, Valmor da Silva. (Orgs.)- Goiânia: Ed. Da UCG; Brasília: Editora Universa, 2004.

ROSSETTI, Fernando. Sete Princípios para Redes Sociais. Publicado em 19 de dezembro de 2005, no site da GIFE – Grupo de Institutos Fundações e Empresas (www.gife.org.br).

Disponívelem:<http://www.gife.org.br/artigos_reportagens_conteudo11772.asp>. Acesso em 25/07/2017 às 18h15min.

Teocomunicação, Porto Alegre, v. 37, n. 155, p. 89-108, mar. 2007.

Sites consultados:

https://ib7.org/artigos/lideranca/111-a-igreja-crista-e-os-desafios-da-posmodernidade

Disponível em: https://www.jmnoticia.com.br/2017/07/24/igreja-e-negocio-pastor-responde acessado em 16/08/08 às 14:30 horas.

https://www.bibliaonline.com.br visitados em 13/07/2017

http://mestresteologiaedebates.blogspot.com.br/2012/02/o-sincretismo-religioso dosevangelicos.html consultado em 10/10/2017.

1 Igreja de Atos 2:27

2.http://mestresteologiaedebates.blogspot.com.br/2012/02/o-sincretismo-religiosodosevangelicos.html

3 https://bibliotecaonlineead.com.br/apostilas_cursos/Mestrado_Teologia/18.pdf

4 https://bibliotecaonlineead.com.br/apostilas_cursos/Mestrado_Teologia/11.pdf

CPSIA information can be obtained at www.ICGtesting.com
Printed in the USA
LVIW010056240919
631981LV00014B/135